CHARLES MONSELET

LE PETIT PARIS

PARIS. — E. DENTU, LIBRAIRE-ÉDITEUR

LE
PETIT PARIS

LIBRAIRIE DE E. DENTU, ÉDITEUR.

DU MÊME AUTEUR

Les frères Chantemesse. 2 vol...................... 6 fr.

La belle Olympe. 1 vol............................. 3 »

Lettres gourmandes, *manuel de l'homme à table.*
1 vol... 3 »

PARIS. — IMPRIMERIE E. MARTINET, RUE MIGNON, 2.

LE
PETIT PARIS

TABLEAUX ET FIGURES DE CE TEMPS

PAR

CHARLES MONSELET

PARIS
E. DENTU, ÉDITEUR
LIBRAIRIE DE LA SOCIÉTÉ DES GENS DE LETTRES
PALAIS-ROYAL, 15, 17, 19, GALERIE D'ORLÉANS
1879

Tous droits réservés.

AVANT-PROPOS

Il en est de Paris comme de l'Océan : les poëtes et les peintres en feront le sujet éternel de leurs toiles et de leurs pages, de leurs croûtes et de leurs chefs-d'œuvre. Paris est un *modèle* qui pose pour tout le monde. Les uns le peignent en pied, les autres en buste; ceux-là en font une académie, ceux-ci une miniature; il en est qui le montrent de profil, de trois quarts; j'en ai rencontré qui se contentent d'un œil ou d'un pied. — Je suis de ces derniers-là.

Faisant petit, je tâche de faire vrai; à cela près, cependant, je ne réponds pas des distractions de mon modèle. Si mon modèle bâille ou grimace, s'il a des yeux rouges ce jour-là, s'il ne se souvient plus aujourd'hui de la pose d'hier, la faute n'en doit être imputée qu'à lui seul. Peut-être adviendra-t-il, par suite, que le Paris de tel article sera fort différent du Paris de tel autre. Pour cela, qu'on n'aille pas crier à la contradiction, ou pire encore, au paradoxe. — D'ailleurs, Paris m'a tout l'air lui-même d'un paradoxe effréné.

Ceux qui m'ont précédé ont adopté, pour la plupart, des formes convenues. Les timides, les ingénieux — et quelquefois les philosophes, — se sont déguisés en Persans, en Turcs, en Tartares, en Mogols, en Arméniens, en Japonais, en Chinois et en Cochinchinois. Dans ce cas, Paris s'appelait Ispahan, Bagdad, Constantinople. Le xviii° siècle s'est longtemps amusé de cette mascarade : le sévère Montesquieu et le turbulent Diderot se sont tour à tour affublés du turban et de la robe bariolée aux longues manches pendantes : « Que Mahomet te donne la prudence des lions et la force des serpents! » ont-ils dit à M. Jourdain, le bourgeois de Paris.

Ensuite est arrivée la mode des Spectateurs,

des Observateurs, des Ermites. Quelques écrivains privilégiés ont rencontré des fées, des génies, des ombres illustres, qui se sont fait un véritable plaisir de leur servir de cicérone et de leur fournir la clé des charades de la rue et des logogriphes du salon. — De plus humbles s'en sont tenus à un petit vieillard ou à une petite vieille, centenaires pour l'habitude, à l'œil vif, à la voix cassée, au sourire malicieux, au nez barbouillé de tabac, portier ou marquise, gentilhomme ou femme de chambre, un débris du temps passé, qui, entre deux accès de toux, crachait une épigramme ou un portrait.

Je ne veux recourir à aucun de ces subterfuges et de ces pseudonymes. Il me plaît de voir avec mes yeux et non avec ceux des autres, et de demeurer seul responsable de mes impressions et de mes opinions.

Je prends plaisir à étudier Paris à toutes ses heures, dans tous ses côtés, à le guetter, à le surprendre. Encore n'est-ce pas une mince tâche que j'ai entreprise. J'y emploie à peu près les mêmes procédés que les peintres, — c'est-à-dire que je me contente le plus souvent d'une esquisse saisie au vol, d'une ébauche, d'un bout de croquis, d'une indication, avec des *jetés* à remplir.

J'ai comme cela des études de Paris le matin, de Paris le soir, de Paris à trois heures un quart de l'après-midi ; études au crayon, au pastel, à la gouache, au fusain.

Et quand je dis Paris, je n'entends pas seulement ses quartiers, ses rues, ses maisons : j'entends aussi ses mœurs, ses coutumes, ses habitants et ses habitantes. Puis, tous ces morceaux de papier, noircis ou coloriés à divers intervalles, au gré de ma fantaisie, sont jetés par moi dans un vaste portefeuille.

Je le vide aujourd'hui.

Cela servira peut-être à ceux qui s'aident de la petite histoire pour écrire la grande histoire.

LE
PETIT PARIS

TABLEAUX ET SOUVENIRS

L'ARBRE DE LA BANQUE

Je ne passe jamais dans cette partie de la rue des Bons-Enfants qui longe les bâtiments de la Banque de France, sans jeter un regard de commisération sur le feuillage d'un arbre qui apparaît au-dessus d'un des murs du célèbre enclos.

Planté dans une étroite cour triangulaire, où il semble que le soleil ne pénètre jamais, entre de hautes constructions, cet arbre solitaire semble imprégné de tristesse.

Que fait-il là? Qui l'a planté? Qui est-ce qui l'entretient? Comment a-t-il poussé au bruit des écus?

Être « l'arbre de la Banque », c'est peut-être une belle position, un titre envié; mais il est loin de s'en montrer fier. Son feuillage est sombre; ses branches, en s'inclinant, semblent se conformer à sa triste pensée.

A quelque heure du jour qu'il m'arrive de passer dans la rue des Bons-Enfants, je n'ai jamais vu se poser un seul oiseau sur l'arbre de la Banque. Quelle fatalité y. a-t-il là? Ordinairement un arbre est la gaieté de son quartier; celui-ci est la mélancolie du sien.

On dirait qu'il s'afflige d'avoir à passer sa vie dans ce royaume de papier et de métal, au milieu d'employés affairés ou courbés sur des registres. Sa poésie d'arbre en murmure. Aucun de ces hommes d'argent est-il capable de le comprendre?

Plaignez l'arbre de la Banque.

LE PONT DES ARTS

Bien longtemps avant M. Haussmann, Paris avait eu des velléités d'embellissement, des instincts de coquetterie.

Nos grands-pères se rappellent encore la décoration du pont des Arts pendant les premières années du premier empire. Il était orné dans toute sa longueur d'orangers et d'autres arbustes en caisse, formant avenue. Deux pavillons en fer vitré en occupaient le milieu.

C'était alors un endroit de promenade pendant la belle saison; les élégants dessinés par Carle Vernet s'y coudoyaient avec les élégantes enluminées par Debucourt. Le soir, on y trouvait des chaises et des rafraîchissements.

Le pont des Arts aujourd'hui ne ressemble guère au pont des Arts d'autrefois. Ce n'est plus qu'un pont *utilitaire*, comme tous les autres, une voie de communication parcourue par des gens plus ou moins affairés. Adieu les orangers et les fleurs! *L'aveugle du pont des Arts*, jouant de la clarinette, avec son fidèle caniche, sébile aux dents, est une légende abolie, comme tant d'autres légendes...

LES

MOINEAUX DU PALAIS-ROYAL

Nous sommes les pierrots du Palais-Royal, c'est-à-dire des pierrots particuliers ; — nous formons une race à part, comme les ramiers du jardin des Tuileries, comme les huîtres d'Ostende, comme les violettes de Parme. Mais nous sommes le contraire des violettes : nous avons l'immodestie en partage, et la familiarité, et la gourmandise, et l'amour du bruit. Il faut nous voir nous chamailler, quatre ou cinq, pour une miette de pain qui roule et voltige sous nos coups de bec...

Nous sommes plus gros que les autres pierrots et d'une plus belle nuance grise. Lorsque nous dormons, ramassés en boule, on nous prendrait pour de jeunes chats. Nous ne volons guère plus haut que l'Eurydice ; nous sautillons, nous marchons presque.

Nous ne craignons personne, ni les enfants avec leurs ballons en gomme et leurs cerceaux en osier, ni les loueuses de chaises, ni le canon de midi, ni les militaires qui se mettent en rond pour faire de la musique, pendant les beaux jours. Nous ne craignons personne, — excepté l'employé au jet d'eau, qui est aussi l'arroseur du jardin. Ah! cet employé! C'est lui qui nous réveille tous les jours, en dardant sur les feuilles des arbres de longs jets de poudre humide et brillante. Comme nous secouons nos ailes alors, en pestant contre lui!

Le matin, nous assistons à l'ouverture des riches magasins des arcades : le coiffeur Majesté apparaît sur son seuil dans un nuage de poudre de riz; — les photographes accrochent à leur devanture le portrait des frères Lionnet; — la boutique aux décorations resplendit de rosettes, de brochettes, de crachats, d'étoiles, de couronnes, de cordons, de plaques; — le changeur fait ruisseler dans ses sébiles les pièces de monnaie de toutes les nations; la Bohême et la Saxe ont envoyé chez Lahoche de nouveaux prodiges de lumière ciselée.

Dans le jardin, voici les comédiens de province qui forment des groupes; l'été est une mauvaise saison pour eux; l'été, on ne chante pas l'opéra, à Laval non plus qu'à Tulle. Ils ont le menton bleuâtre. Un d'eux nous lance, avec sa canne, quelques grains de poussière sur la queue. —

Dites-donc, vous, faites donc attention, s'il vous plaît!

Chut! Deux dames voilées se promènent avec lenteur dans la galerie de Montpensier. Elles regardent fréquemment derrière elles, et elles font des stations devant toutes les vitrines de bijoutiers. Elles viennent enfin de ce côté pour s'asseoir. Elles resteront sur leurs chaises, patiemment, pendant plusieurs heures. Si quelqu'un leur adresse la parole, elles répondront avec un sourire. Chut!

L'après-midi arrive, et déjà certaines personnes s'informent de ce que l'on *joue* aux restaurants. Lisons l'affiche : « Éperlans du lac Majeur, — rosbif des Ardennes au beurre de Valognes, — fraises de Vélizy-les-Bois. » Un programme bien littéraire! Les couples s'encadrent dans les croisées du premier étage; nous entendons l'aimable tapage des fourchettes d'argent. Bon appétit! — Nous attraperons peut-être un biscuit pour notre part, nous les pierrots du Palais-Royal.

Six, sept et huit, — huit heures. Le jardin s'allume, les fenêtres flamboient. Le gaz n'a rien qui nous effraye, et nous continuons sur l'herbe éclairée nos propos libertins. « — Monsieur prend-il du cognac avec son café? » Ce sont les garçons de la Rotonde qui vont, viennent et s'interpellent d'une table à l'autre. « — Versez au sept! quatre, pavillon! » — Eux seuls se comprennent, cela suffit. Au-dessus de leur tête, chez Tavernier, il y a une noce; les danseurs tourbillonnent, tête nue; on voit l'or des plafonds. Chez Véfour, le baron Taylor préside un banquet, un banquet artistique, bien entendu : on boit à sa santé, on s'échauffe, on porte des tostes à la fraternité universelle... — Quand nous endormirons-nous?

LES

MARQUIS DE QUATRE SOUS

Qui est-ce qui se souvient des marquis des rues ou *marquis de quatre sous*?

J'ai vu les derniers d'entre eux lors de mon arrivée à Paris, peu de temps avant la révolution de 1848. Ils ont été l'ébaudissement et la joie de mes vingt ans. Quelquefois encore, ils repassent dans ma mémoire, tendant un bas moucheté de boue, faisant plisser une culotte de soie éraillée, pochette en main, perruque de travers, poudrée avec de la grosse farine, avec une bourse noire et graisseuse, — qu'on appelait un *crapaud*.

Ajoutez le gilet à franges, de couleur tendre et à sujets champêtres, et le vaste habit en tapisserie dont ils exagéraient le mouvement de va-et-vient. Tout cela usé, fané, déchiré, rapiécé, fangeux, — avec des restes d'élégance cependant.

Les marquis de quatre sous apportaient dans leur allure l'importance du courtisan et la souplesse du mandrille; ils sautaient méthodiquement d'un pavé sur l'autre avec des légèretés d'acrobate; ils rebondissaient sur une jambe; ils effarouchaient les femmes par leurs prosternements subits et réitérés. Ils entraient chez les marchands de vin avec des gravités de magistrat.

Lorsqu'ils chantaient, montés sur un tabouret, au bas du Pont-Neuf ou dans la cour des Fontaines, un cahier de couplets à la main, les gamins se tenaient les côtes en présence de leurs contorsions et de leurs grimaces. Au lieu du petit violon rouge, quelques-uns avaient un tambour de Basque, qu'ils agitaient au-dessus de leur coiffure, ou qu'ils faisaient résonner tantôt sur leur coude et tantôt sur leur genou. Ils étaient audacieux, ils ne reculaient devant aucune gaudriole, devant aucun geste licencieux.

Ces marquis de quatre sous, ces chevaliers de Vide-Gousset, ces barons de Fleuve-à-sec, ces vicomtes d'Argent-court, représentaient dans le principe la parodie de l'ancien régime, et plus particulièrement sous l'Empire la caricature des émigrés. La Restauration les toléra, mais la tradition s'en perdit peu à peu vers les dernières années du règne de Louis-Philippe.

Ils moururent en même temps que les carlins.

PANEM ET CIRCENSES

Je dois mes premiers plaisirs, c'est-à-dire les plus vifs, aux exercices des écuyers et des écuyères du cirque Bouthor, où Balzac a placé le berceau de sa Malaga, l'héroïne de *la Maîtresse anonyme*. C'était dans une grande ville de province. La veille de chaque représentation, la troupe entière faisait une promenade solennelle à travers les rues, parée de ses plus riches costumes, musique et bannière en tête. — Et tout le monde se mettait aux fenêtres pour admirer les seigneurs en manteaux brodés d'or et en bottes jaunes, les amazones au feutre de la Fronde, — et jusqu'à la petite fille du directeur, assise sur un petit cheval noir. On m'a dit que les troupes équestres d'aujourd'hui ont renoncé à ces cavalcades engageantes. — O dignité! es-tu donc l'ennemie de toute poésie et de toute originalité?

Le soir de la représentation, on était certain de me voir entrer un des premiers dans la salle à demi plongée dans les ténèbres, au moment où l'on allumait le lustre, que j'aimais à voir monter lentement, et tout éblouissant, au plafond.

Naturellement, je me plaçais au premier rang,

sans redouter les éclats de terre, et afin de recueillir les halètements de l'écuyère épuisée, alors qu'elle flatte de la main les flancs de son coursier fumant de sueur ; je saisissais au passage des mots tels que ceux-ci :

— Lâchez un peu la courroie, Maxime ! Votre blanc ne tient pas au soulier !

Tout m'intéressait alors, depuis le *saut des barrières* jusqu'au *saut des rubans*; — depuis le *pas gracieux* dansé sur une selle large comme un fauteuil par la grosse directrice, jusqu'aux *jeux romains* exécutés par deux frères en maillot d'athlète, les cheveux retenus par un cercle d'or ; — depuis le cheval *dressé en liberté*, qui va chercher un mouchoir enfoui dans le sable, et qu'on récompense avec un morceau de sucre, jusqu'au destrier monté d'après les principes de la haute école par un professeur en habit à la française et coiffé d'un tricorne.

La poste à deux chevaux, puis à quatre, puis à six, ne me laissait pas non plus insensible ; mais toute mon attention et toute ma curiosité étaient réservées pour le saut des cercles en papier. Je suivais avec autant d'anxiété que l'homme à la chambrière les hésitations de l'écuyer.

— Ce n'est pas pour cette fois, disais-je en le voyant se courber sous les cercles en papier ; ce sera pour le tour suivant !

Au tour suivant, l'écuyer s'affermissait sur les pieds, prenait son élan... et passait encore sous l'obstacle. Je m'inquiétais avec le public, lorsque tout à coup, au moment où l'on commençait à désespérer, l'écuyer, rapide comme la pensée, s'élançait, les genoux au menton, crevait le papier, retombait debout sur son cheval, — quelquefois sur un seul pied, — d'autres fois même en exécutant le saut périlleux! — Sans reprendre haleine, il traversait un deuxième cercle, et un troisième, et un quatrième, placés à distance les uns des autres. Les spectateurs brisaient leurs mains à applaudir; la musique semblait possédée du vertige. L'écuyer, surexcité, ordonnait qu'on plaçât deux cercles à côté l'un de l'autre; il les franchissait tous les deux. Mais alors, exténué et triomphant, il avait à peine la force de descendre de cheval, de venir se placer au milieu du manége, de saluer, une main sur la poitrine, et de gagner la porte à reculons et en s'inclinant toujours.

Oh! le saut des cercles de papier!

C'était aussi le temps des grandes scènes dramatiques; tantôt un bandit italien poursuivi par les carabiniers du pape, et déchargeant sur eux ses deux pistolets; — tantôt un Grec en jaquette blanche, le sabre recourbé au poing, et s'enveloppant pour mourir dans les plis de son drapeau.

Les scènes à travestissements n'étaient pas moins à la mode; Bastien Franconi y excellait. Je le vois encore dans les *Quatre Saisons*: —

d'abord jeune berger, composant pour sa bergère un bouquet de fleurs printanières; après, moissonneur armé de sa faucille; ensuite, vendangeur couronné de pampres, et la coupe en l'air; puis, vieillard au noir manteau, se chauffant à un brasier. Enfin, métamorphose dernière et suprême ! le vieillard se débarrassait de son manteau et apparaissait nu, avec deux grandes ailes blanches, et il tenait un sablier. C'était le Temps ! le Temps qui commençait une course terrible, furieuse, aiguillonnée de *hop! hop!* sans nombre.

Mais le triomphe de Bastien Franconi était surtout dans la *Vie d'un soldat*, un récit équestre où il changeait huit ou dix fois de costume. — Il arrivait en conscrit, habillé de blanc comme un Jean-Jean, gauche, tout d'une pièce; on lui tendait un lourd fusil, avec lequel il faisait l'exercice sur son cheval, aux risées générales. Le premier coup de feu retentissait; notre conscrit blêmissait, comme dans le dessin de Charlet; peu à peu il s'aguerrissait, il s'exaltait, c'était un lion ! — En trois tours de main, il apparaissait en brillant officier; on lui jetait un chapeau, qu'il attrapait au vol; on lui apportait une épée, qu'il saisissait avec la même dextérité. En avant !

En avant ! la musique bat la charge, le brillant officier monte à l'assaut le premier; — il est victorieux; on le décore. Moment pathétique ! Il s'agenouille et il tire de son sein le portrait de sa mère, qu'il baise pieusement.

Le canon tonne encore, mais cette fois les roulements voilés du tambour laissent supposer des catastrophes, des défaites. A la place du glorieux capitaine, on n'a plus sous les yeux qu'un pauvre vieux soldat, le bras en écharpe, qui se traîne péniblement à l'aide d'un bâton, et qui semble demander la route de son village. Trois minutes après, c'est un laboureur, coiffé d'un bonnet de police, appuyé sur sa bêche, et songeant. — Explosion finale! La bêche, le bonnet de police, la veste, tout vole en l'air, tout est dispersé. — Vite, une couronne de laurier! Vite, un manteau de pourpre! Vite, une trompette d'or! Je suis la Victoire! Je suis le Génie de la France! Je suis la Renommée! — Hop! hop! hop!

Tels étaient les jeux du Cirque à l'époque de mon enfance et de mon adolescence.

AURIOL

De temps en temps, au cirque Fernando, situé en haut de la rue des Martyrs, on remarque un tout petit vieillard coiffé d'un bonnet à grelots, à l'œil noir et d'une vivacité extraordinaire, la lèvre surmontée de deux moustaches pareilles à deux brins de fumée, souple, alerte, frétillant, sautillant, prompt à la cabriole.

Ce petit homme, regardez-le bien ; tâchez, si vous le pouvez, de le fixer au bout de votre lorgnette ; essayez de graver dans votre mémoire quelques-uns de ses traits si mobiles, car cet homme a été une des célébrités de son temps.

Il a été fameux autant que qui que ce soit, autant que Rossini, autant que Deburau, autant que M. Scribe. Il a été fêté, applaudi, à l'égal des plus grands ; il a occupé de lui les gazettes et les feuilletons, à une époque où les feuilletons étaient des événements et des oracles.

De son pied infatigable et léger, il a parcouru les quatre parties du monde, et les quatre parties du monde lui ont jeté des couronnes. Son bonnet à sonnettes est devenu légendaire comme le petit chapeau impérial.

C'est Auriol.

Auriol, le clown par excellence!

Auriol, un talent à part, qui n'a procédé de personne, ni de Ravel, ni de Forioso, ni de Mazurier, et qui n'a pas fait d'élèves.

Auriol appartient étroitement à l'histoire de la société sous le règne de Louis-Philippe. Il domine toute cette période, du haut d'une perche.

Le nom, c'est l'homme — prétendent quelques-uns. A ce compte, le nom d'Auriol ne semble-t-il pas fait avec celui d'Ariel?

Les Provençaux, jaloux d'imposer leur langue à l'univers entier, vous diront aussi qu'Auriol signifie *loriot*, du nom d'un oiseau qui, par son ventre d'une riante couleur jaune, semble occuper le rang de clown dans l'ordre ornithologique.

Des littérateurs sérieux n'ont pas dédaigné d'écrire de longues pages sur Auriol. M. Hippolyte Rolle, entre autres, qui fut ce qu'on appelait jadis un *aristarque* important, lui a consacré une notice biographique.

Théophile Gautier, que toute plastique séduisait, a également tracé de lui un portrait enthousiaste : « C'est le clown le plus spirituel et le plus charmant que l'on puisse imaginer — dit-il, — les singes sont boiteux et manchots à côté d'Auriol; les lois de la pesanteur paraissent lui être complétement inconnues : il grimpe comme une mouche le long des parois vernissées d'une haute colonne; il marcherait contre un plafond, s'il le voulait.

» Le talent d'Auriol est encyclopédique dans son art : il est sauteur, jongleur, équilibriste, danseur de corde, écuyer, acteur grotesque, et à toutes ces qualités il joint des forces prodigieuses. C'est un Hercule mignon, avec de petits pieds de femme, des mains et une voix d'enfant; il est impossible de voir des muscles mieux attachés, une structure plus légère et plus forte; le tout surmonté d'une tête jovialement chinoise, dont une seule grimace suffit pour exciter l'hilarité de toute la salle. Quant à moi, je ne vois rien au-dessus d'Auriol. »

J'en dirai autant à mon tour; je me le rappelle, comme si c'était hier, bondissant sur le tremplin, et franchissant — tantôt six chevaux avec leurs cavaliers, tantôt un peloton de vingt-quatre soldats, la baïonnette au bout du fusil.

D'autres fois, enroulé sur lui-même, il s'élançait à travers un cercle de pipes, étroit comme une coiffe à chapeau.

Ses exercices des chaises et des bouteilles sont demeurés classiques; il apportait — et il y apporte encore — une aisance, une gaieté qui lui sont particulières. Il scande ses mouvements avec trois petits cris gradués : *là!... là!!.. et là!!!*

Le premier *là!* c'est lorsqu'il apporte ses chaises, qu'il les installe, qu'il les assujettit, qu'il les cale.

Le second *là!!* cri d'encouragement et de confiance, c'est lorsqu'il monte dessus, qu'il s'y pose, qu'il s'y maintient.

Le troisième *là!!!* plus aigu et plus triomphant que les autres, c'est après le tour exécuté. Il exprime la satisfaction, le contentement.

On sent qu'Auriol aime son art avec passion, qu'il l'aime par-dessus tout. Il le prouve surabondamment en se produisant de nouveau devant le public dans une vieillesse assez avancée, et en continuant à se tenir debout sur un cheval, — à un âge où tant d'autres n'ont pas assez de leurs deux jambes et d'une canne pour se tenir debout sur le sol.

Lorsqu'il ne joue pas au cirque Fernando, soyez certain qu'il est dans quelque cirque de province, occupé à se rendre utile, à traîner la chambrière sur le sable de l'enceinte, à élever de ses deux petits bras un disque de papier, à passer la jambe aux régisseurs, ou à faire cinq ou six tours de roue, — comme au bon temps.

En cela, il est de l'école des indomptables et des insatiables, qui se cramponnent jusqu'au dernier moment au théâtre de leurs succès. Il est de l'école de madame Saqui et de Brunet.

A la ville, Auriol n'est pas moins fantastique qu'à la scène. Il porte une polonaise à brandebourgs et des pantalons d'une largeur exorbitante, sous lesquels ses pieds disparaissent en entier; il aime à s'enguirlander de chaînes et de bijoux.

Du reste, bon époux et plusieurs fois père.

On pourra (le plus tard possible) lui appliquer cette épitaphe, extraite de l'Anthologie grecque : « Que la terre lui soit légère ! Il a si peu pesé sur elle ! »

DÉCOUVERTE

DU BOULEVARD SAINT-MICHEL

PAR UN JEUNE PROVINCIAL

1ᵉʳ *mai* 1877. — Arrivée à Paris à onze heures et demie du soir. Tous les magasins fermés; quelques rares cafés ouverts. C'est donc ça la Babylone moderne?

Une voiture me conduit dans une *maison meublée* du quai des Grands-Augustins, qui m'a été recommandée par mon oncle Placinet. Le garçon est très-lent à se réveiller et à m'installer; il bâille et grogne en faisant mon lit. Évidemment il n'aime pas à être dérangé.

Je dors peu. Rêves bigarrés.

2 *mai*. — Tubal, mon camarade d'enfance, vient me réveiller. Effusions. Je ne l'aurais pas reconnu avec sa grande barbe rousse à deux pointes. Il commence par « en griller une »; puis nous sortons ensemble.

Je ne puis m'empêcher de trouver admirable le point de vue qu'on a du quai des Grands-Augustins; en face, le vaisseau de la Cité et la flèche de la sainte Chapelle; à gauche, le Pont-Neuf et les lignes du Louvre; à droite, les sombres tours de Notre-Dame. Nous n'avons rien de tel à Abbeville.

Au détour du quai, nouvel éblouissement. J'aperçois au fond d'une place, que décore une fontaine monumentale, une longue voie montante, plantée d'arbres sur les deux côtés et bordée de maisons superbes. Au milieu, une foule allant et venant, des voitures, des omnibus à perte de vue, et sur tout ce mouvement, sur tout ce tapage, répandez à poignées les rayons d'un soleil de printemps, d'un soleil jeune, encore traversé de fraîcheur. C'était merveilleux !

— Ah! mon Dieu! me suis-je écrié, qu'est-ce c'est que cela?

— C'est le boulevard Saint-Michel, m'a répondu Tubal.

6 *mai*. — Tubal me persuade d'acheter un chapeau dit *chapeau Rubens*. Il est bon, prétend-il, d'avoir une originalité individuelle, de trancher sur la multitude. Je ne suis pas bien convaincu, et je me trouve un peu ridicule sous les grandes ailes de mon feutre, — d'autant plus que les femmes me regardent en riant d'un air moqueur.

« *J'aime fort faire rire les dames* », dit César de Bazan; mais tout le monde ne pense pas comme don César.

7 *mai*. — Présentation à quelques étudiants de la médecine et du droit. Je prends mon pre-

mier verre d'absinthe au café Jules-César. — Pouah!

15 *mai*. — Décidément je me passionne pour le boulevard Saint-Michel, qui me paraît une petite ville dans la grande ville, et où mon imagination trouve à chaque minute de nouveaux aliments.

Aujourd'hui j'ai visité Saint-Séverin, une vieille église toute dorée à l'intérieur; — l'hôtel de Cluny, ce grand coffre ruisselant de bibelots précieux, — et ce qui reste des Thermes, ce peu de poussière qui parle si haut.

Des Thermes à la Sorbonne il n'y a qu'un pas, je le franchis en murmurant ces vers d'une ballade inédite :

> Pour édifier la Sorbonne
> Il ne fallait pas un barbon :
> Il avait une tête bonne
> Celui qu'on appelait Sorbon.

On ne me propose pas de me montrer le crâne de Richelieu et le crâne de Richelieu vieillard — comme on m'en avait menacé.

16 *mai*. — Les restaurants où je dîne s'appellent *bouillons*. Ils sont servis par des femmes dont l'abord n'a rien de farouche.

Servis aussi par des femmes les cafés du boulevard Saint-Michel. Quelques-uns de ces établissements ont des noms pittoresques : *la Jeune France, la Source, le Sherry-Gobler, les Vingt-deux Cantons*.

Par là seulement se retrouve l'ancien pays de nos pères.

1er *juin.* — Toutes réflexions faites, je ne monterai ni ne descendrai dans le Panthéon; je me contenterai de l'admirer de loin. Comme cela, je ne ferai de concessions ni à la lanterne, ni à la crypte, ni à la croix, ni à la torche, ni au gibet, ni au tombeau, ni à Jésus, ni à Voltaire.

Il n'y aura pas de jaloux.

11 *juin.* — Je ne croyais pas que je me serais habitué si promptement au cigare.

30 *juin.* — Splendide, la façade du lycée Saint-Louis! Cela donnerait presque envie de recommencer ses études.

— Que tu es bête! m'a dit Tubal qui m'a entendu.

3 *juillet.* — Il paraît cependant que de l'autre côté du fleuve *qui la Seine a pour nom* — comme dit une chanson populaire dans son audacieuse inversion; — il paraît qu'il existe d'autres boulevards presque comparables au boulevard Saint-Michel. Il faudra voir cela.

En attendant, je deviens d'une jolie force au bézigue.

6 *juillet.* — Et le Luxembourg, jardin et palais, quelle adorable chose!

Je le connaissais déjà par un chapitre délicieux des *Misérables*. Je l'avais entrevu aussi dans les romans d'Henry Murger.

Je n'ai pas à m'excuser d'avoir poussé du

Luxembourg jusqu'au jardin Bullier. La pente est insensible.

Et puis Béranger y est bien allé !

7 juillet. — Elle s'appelle Élisa. Il est clair qu'elle ne vaut pas la peine d'être aimée.

N'y pensons plus.

Même jour. — *Bambocheurs* et *piocheurs*, — c'est ainsi qu'Émile de la Bédollière partageait les étudiants d'autrefois, dans un article des *Français peints par eux-mêmes*.

J'ai ouvert par hasard un roman de George Sand : *Horace*, et j'y ai lu cette page très-intéressante sur les étudiants :

« Que de nuances infinies dans cette population d'enfants à demi hommes que Paris voit sans cesse se renouveler, comme des aliments hétérogènes, dans le vaste estomac du quartier latin ! Il y a autant de classes d'étudiants qu'il y a de classes rivales et diverses dans la bourgeoisie. Haïssez la bourgeoisie encroûtée qui, maîtresse de toutes les forces de l'État, en fait un misérable trafic ; mais ne condamnez pas la jeune bourgeoisie qui sent de généreux instincts se développer et grandir en elle. En plusieurs circonstances de notre histoire moderne, cette jeunesse s'est montrée brave et franchement républicaine...

» Depuis, on l'a tellement surveillée, maltraitée et découragée, qu'elle n'a pu se montrer ouvertement. Néanmoins, si l'amour de la justice, le sentiment de l'égalité, et l'enthousiasme pour les grands principes et les grands dévouements de la Révolution française ont encore un foyer de vie autre que le foyer populaire, c'est dans l'âme de cette jeune bourgeoisie qu'il faut aller le chercher. C'est un feu qui la saisit et la consume rapidement, j'en conviens. Quelques années de cette noble exaltation que semble lui communiquer le pavé brûlant de Paris, et puis l'ennui de la province, ou le despotisme de la famille, ou l'influence des séductions sociales ont bientôt effacé jusqu'à la dernière trace du généreux élan.

» Mais ceci est le procès à faire, je le répète, à la société bourgeoise qui nous opprime. Ne faisons pas celui de la jeunesse; *ce qu'il y a de meilleur dans le bourgeois, c'est l'étudiant, n'en doutez pas.* »

4 *août*. — Rien de gai, d'animé, de charmant comme la sortie, à quatre heures et demie, des externes des lycées. Des oiseaux qui s'envolent n'ont pas de cris plus gentils.

9 *août*. — Élisa demeure tout près de Saint-Étienne du Mont.

Cela me fait penser que je ne suis pas encore entré dans cette église, dont le jubé est si renommé.

J'irai demain.

22 *août*. — Aujourd'hui, mal aux cheveux toute la journée, en conséquence de la nuit passée chez Roquillon, peintre destiné à devenir

célèbre. Souper à fond de train et danses variées jusqu'au jour.

Je ne sais pas comment un commerçant chauve et ventru avait réussi à se faufiler parmi nous. Il n'a pas été le moins jovial ni le moins bachique. Il s'est amusé comme une grosse folle. On a dû le coucher à six heures du matin, heure à laquelle il avait complétement abdiqué, — mais complétement.

Pendant son sommeil, le peintre Roquillon s'est armé de sa palette, et sur l'ivoire de ce front —estimé dans le négoce—il a peint... une superbe vue d'Etretat, avec ses falaises, ses embarcations échouées et un steamer fumant à l'horizon.

30 *août*. — Achat d'une pipe. Magnifique occasion.

8 *septembre*.— Échange de calottes avec Tubal. Evanouissement d'Élisa.

29 *septembre*.— Voilà quatre mois que j'habite le boulevard Saint-Michel, sans éprouver le moindre désir d'en dépasser les limites. Mes plaisirs et mes travaux trouvent leur compte à ce séjour.

Deux belles bibliothèques — celle de Sainte-Geneviève et celle de l'ancien Sénat — ne me sont-elles pas ouvertes?

Si j'aimais le théâtre (mais je ne l'aime pas), j'aurais le théâtre Cluny, et plus tard l'Odéon.

Enfin Élisa m'a juré qu'elle me quitterait si jamais elle apprenait que j'ai passé l'eau.

Je ne la passerai pas.

CONFÉRENCES

ET

CONFÉRENCIERS

Je ne puis m'empêcher de constater l'accroissement que prennent de jour en jour les conférences.

Elles datent depuis une quinzaine d'années, pas davantage. Elles nous sont venues d'Angleterre, de Belgique et d'Amérique. Charles Dickens fut un des conférenciers les plus populaires, — et celui dont les lectures rapportèrent le plus d'argent. Une fortune!

En France, c'est-à-dire à Paris, on doit citer, parmi les premiers propagateurs des conférences, MM. Deschanel, Eugène Yung, Philoxène Boyer, Timothée Trimm, etc. Ils s'établirent d'abord un peu partout, comme de nouveaux confrères de la Passion, à la place Vendôme, sur le quai Malaquais, à la salle Valentino.

Plus tard, M. Ballande fit entrer les conférences au théâtre.

C'est de ce moment qu'elles se sont répandues et qu'elles ont prospéré. Aujourd'hui elles remplissent, elles inondent toutes les salles de spectacle et de concert; elles s'étalent orgueilleusement sur les affiches, à côté des drames nouveaux et des opérettes.

Est-ce à dire qu'il faille classer les conférences parmi les plaisirs, dans la série des divertissements publics? Hum! je crois que ce serait aller un peu loin. — On peut se contenter de les qualifier « un des plus nobles délassements de l'esprit », ou, si vous l'aimez mieux, « un passe-temps élévé ». C'est déjà bien joli.

Dans tous les cas, les conférences ont cela de bon qu'elles ont consacré le droit à la parole, qui jusqu'à présent avait été réservé à l'avocat, au professeur, au prêtre, au député. A l'heure qu'il est, le premier venu qui se sent des idées et la faculté de les exprimer peut monter à cette tribune nouvelle.

Aussi y a-t-on vu et y voit-on se produire une foule déjà considérable d'orateurs improvisés, les uns connus, les autres parfaitement obscurs. Tout le monde — je parle de notre monde littéraire et artistique — a plus ou moins voulu s'essayer dans cet art nouveau. Il est rare, en effet, que, petit ou grand, on ne croie pas avoir quelque chose à dire tout haut devant un certain nombre de personnes assemblées. Chacun rêve, à un instant donné, la communication directe avec le public.

Voilà pourquoi nous avons des conférences de poëtes, des conférences d'inventeurs, des conférences de savants, de peintres, de romanciers, de voyageurs, de médecins, d'astronomes, de musiciens, de philosophes, d'historiens, de photographes, etc., etc.

Les opinions les plus disparates, les jugements les plus opposés se heurtent dans un choc étrange. M. Jules Claretie évoque les spectres farouches des *Derniers Montagnards;* — M. H. Chavée nous montre d'un doigt convaincu *Dieu dans l'histoire;* — M. Leconte de l'Isle lit des fragments éblouissants de ses *Poëmes barbares;* — M. Léon Cladel raconte l'histoire émouvante de *Montauban-tu-ne-le-sauras-pas;* — M. Pierre Elzéar recherche les origines de *Faust*, — et M. Charles Bigot entreprend l'apothéose de M. Ludovic Halévy, l'auteur de *Toto chez Tata.*

Pour tous les goûts!

Il y aurait bien des portraits à tracer, bien des études à faire sur la prononciation de celui-ci et sur les gestes de celui-là, sur le sourire narquois et le léger nasillement de M. Paul Féval, — sur la familiarité de M. Francisque Sarcey, — sur le lorgnon continuellement balancé de M. Henri Martin,—sur l'abondance entraînante de M. Flammarion.

Les femmes, elles aussi, s'en mêlent (de quoi les femmes ne se mêlent-elles pas?) : Madame Ernest qui se souvient du théâtre, et madame Olympe Audouard, qui se souvient du harem; madame Esther Sezzi, madame Maria Deraismes, — qui a entrepris une campagne contre M. Victorien Sardou, — et d'autres dont les noms m'échappent.

Cet art des conférences est un art difficile et plein d'écueils. Je ne pense pas sans effroi à toutes les qualités qu'il réclame, à toutes les séductions qu'il exige. Beaucoup d'auditeurs se montrent sévères pour la lettre parlée; ils trouvent que du moment qu'elle est inférieure à la lettre écrite, elle perd sa raison d'être.

Un de ces auditeurs-là m'avouait qu'il était toujours tenté de tenir le langage suivant au conférencier : « Songe, puisque tu m'as arraché aux quiétudes de mon intérieur, puisque tu m'as cloué pour une heure dans un fauteuil banal, songe à m'apprendre autre chose que ce que j'aurais pu savoir commodément au coin de mon feu, les pieds dans mes pantoufles. Si tu ne vaux pas un livre, tu ne vaux rien du tout. »

Diable!

UNE

BIBLIOTHÈQUE DE GRISETTE

Émile Debreaux, qui fut le Gentil-Bernard des grisettes, a fait une chanson intitulée : *Ne montez pas chez elles*. Dans cette chanson, notée sur l'air de la *Catacoua*, il décrit le désordre pittoresque de leur ameublement et rit tant qu'il peut des loques éparpillées, des corsets errants, des bas qui sèchent sur des ficelles, des carafes qui implorent les coquilles d'œufs purificatrices. Il n'oublie qu'un trait : il ne parle pas de la bibliothèque des grisettes, une des choses qui provoquent le plus l'étonnement et l'hilarité.

Cette bibliothèque est une dans toutes les mansardes. Elle se compose souvent d'*Hippolyte, comte de Douglas*, de *Maria ou l'Enfant de l'infortune*, — et d'un *Almanach des Amours* ou *Almanach de la Closerie des Lilas*, je ne sais plus lequel, mais il est reconnaissable par un frontispice colorié représentant des étudiants en béret qui portent triomphalement sur leurs bras une grisette agitant en l'air une queue de billard. Sur le devant, on aperçoit un symbolique Béranger, recourbé par en haut comme une canne, et regardant passer le joyeux cortege avec un sourire — très-mal *venu* sur la pierre lithographique.

Le même almanach contient presque toujours des fragments poétiques de Privat, tels que l'hymne célèbre où se rencontrent ces deux vers rimés avec une rare fierté :

> Le boulevard où l'on coudoie
> La jeune fille au long cou d'oie.

La bibliothèque des grisettes a ses éditeurs particuliers et ses auteurs spéciaux. Parmi les premiers, Renault et Krabbe sont ceux dont le commerce est le plus considérable; ils font refaire, en falsifiant le titre, les œuvres à succès que les petits lecteurs n'ont pas les moyens d'acheter ni même de louer. C'est ainsi qu'on peut se procurer pour six sous l'*Histoire du fameux comte de Monte-Cristo et de ses trésors*, les *Aventures de d'Artagnan et de ses trois compagnons*, *Mathilde ou l'Innocence d'une jeune femme*, les *Mystères de la Tour de Nesle*, etc., etc.

Je croyais, jusqu'à présent, qu'il n'y avait qu'un seul nom pour désigner ce trafic : contrefaçon. Il paraît que les libraires susdits en ont trouvé un autre qui est : réduction.

En dehors de ces *réductions*, on ne distingue pas un grand nombre de romans inédits, dans le sens absolu du mot. La vogue est toujours aux

Amours d'une jeune servante et d'un soldat français. Dans ce genre, Pécatier et Picquenard n'ont pas encore rencontré de rivaux.

N'oublions pas de mentionner, au milieu de cette nomenclature, un minime bouquin, épais et carré, — de la forme d'un pavé vu au petit bout d'une lorgnette, — ayant pour titre la *Goguette de Lilliput*, et orné des trois profils de Piron, de Gallet et de Collé. C'est un recueil de vieilles chansons grivoises qui menacent de se perpétuer à travers les siècles, en ramenant toujours le même sourire sur l'air de *Turlurette*, et le même clignement d'yeux à propos du refrain : *Eh bien!... Vous m'entendez bien.*

Mais de tous les livres affectionnés par les grisettes, celui que vous êtes le plus certain de rencontrer au fond de la corbeille à ouvrage, à côté du jeu de cartes traditionnel, du dé à coudre et de l'œuf en bois qui sert à repriser les bas, le livre le plus consulté et partant le plus recroquevillé à ses angles, celui qu'on s'empresse d'ouvrir au saut du lit, lorsqu'on est à jeun, — sur lequel on médite avec délices ou que l'on rejette avec dépit; le confident, le conseiller, l'écho, c'est le livre intitulé diversement la *Clef des Songes*, — l'*Oracle des Dames et des Demoiselles*, — la *Voix du Destin*, — l'*Urne magique*, — ou la *Sibylle couleur de rose.*

C'est en feuilletant un livre semblable, écrit par les farceurs les plus naïfs, qu'on peut se rendre compte, mieux que par la lecture de Senancour et des romans esthétiques, de tout ce que l'âme d'une femme contient de faiblesse, de crainte, d'illogisme, d'irrésolution et de folies. Une femme qui consulte la *Clef des Songes* cesse d'être une énigme et un problème; vous pouvez dès lors la dominer tout à votre aise, avec la certitude que les moyens les plus grossiers seront les meilleurs.

La *Clef des Songes* ou « interprétation de tous les objets qui peuvent apparaître dans le sommeil, *d'après les plus subtils docteurs du monde* », a été, j'en suis assuré, la cause de bien des mariages, de bien des séparations, de bien des suicides. Ce livre cache une importance extraordinaire sous des apparences bénignes. Qui pourrait voir, en effet, des catastrophes sous ces simples lignes, que nous copions :

BARBE. Se la faire : réussite complète; — à un autre : mauvais présage.

BOUDIN. Affliction; — en manger : surprise.

GENDARMES. Lumière profitable; — qui vous arrêtent : travail rémunéré.

OIGNONS frits : lasciveté étonnante.

HUITRE. Ouverte : satisfaction infaillible; — fermée : embuscades périlleuses.

JOUES potelées : joies ineffables.

La *Clef des Songes* est quelquefois plus compliquée :

Murailles. Devant soi : preuves d'impuissance ; — qu'on surmonte : amélioration ; — avec un fossé : emblème menaçant ; — tomber d'une muraille : *plaisir incomparable* (oh !).

D'autres fois, elle est littéraire et railleuse :

Journal. En lire un : perte de tranquillité.

Navet. Esprit improductif et froid. (Cela est évidemment une flatterie à l'adresse de l'auteur des *Libres Penseurs*.)

Tragédie. En voir jouer : tristesse, pâles couleurs.

Le plus souvent, la *Clef des Songes* accumule comme à plaisir des impossibilités :

Bras musculeux : triomphe.

Couronne. Dignité personnelle ; — si elle est d'os de mort, avec des feuilles de saule : destruction. (Qui diable peut voir en rêve une couronne d'os de mort, et *avec des feuilles de saule* encore !)

Nombril. Voir son : c'est être dans la bonne voie pour le royaume des cieux.

Ce dernier est le plus étonnant, et nous n'en citerons pas d'autres.

L'*Oracle des Dames et des Demoiselles* surpasse encore en extravagante puérilité la *Clef des Songes*; il répond à « toutes les questions sur les événements et les situations diverses de la vie »; la dernière édition en a été corrigée et augmentée *d'après les manuscrits des savants Etteilla, Lavater et Julia Orsini*. C'est cet oracle qui, à l'éternelle question : *Que fait maintenant la personne à laquelle je pense ?* ne manque jamais de répondre : *Elle soupire après le jour qui vous réunira.*

Ou bien : *Serai-je bientôt mariée ? Oui; avec ton petit brun.*

Ou bien : *Comment finira l'affaire de cœur qui m'occupe ? — Une coquette te supplantera.*

Ou bien : *De qui dois-je attendre la fortune ? — Des heureux que tu feras.*

Ou bien : *Que pense-t-on de moi dans le monde ? — Ne cherche pas à le savoir.* (Quelquefois l'*Oracle* est moins poli, il répond : *On te trouve prétentieuse.*)

Ou bien : *Aurai-je ce que l'on m'a promis ? — Oui, si tu es sûre de toi.*

Ou bien : *Quel sera mon avenir ? — Tu regretteras le passé.*

Ou bien : *Quelle sera l'humeur de mon mari ? — Meilleure que la tienne.*

Ou bien : *Dois-je profiter de mes beaux jours ? — A ton âge on ne fait pas de pareilles questions.*

Il faut avouer que les grisettes sont de bonnes personnes, n'est-ce pas ? Et ceux qui les ont tant calomniées n'avaient pas sans doute visité, leur bibliothèque.

LE DIVAN LE PELLETIER

Le divan Lepelletier a été, au XIXe siècle, ce que le café Procope a été au XVIIIe. Je me rappelle avec plaisir ce petit hôtel, dans le style diminué du pavillon de Hanovre, avec ce jardin en avant, bordé d'une grille, et à deux pas de l'Opéra.

C'est au rez-de-chaussée de cet hôtel que, pendant une vingtaine d'années, la littérature de Paris et de partout s'est assise chaque soir. Voilà plusieurs années que le divan Lepelletier a disparu ; — le moment est peut-être venu d'écrire son histoire.

Le divan Lepelletier avait été fondé en 1837, par un ex-lancier du nom de Lefèvre. Un autre Lefèvre ou Lefebvre, depuis procureur impérial quelque part, le découvrit et y mena le duc Napoléon d'Abrantès, un expert en matière de plaisirs, qui y amena à son tour Edmond Texier. Guichardet vint tout seul, par l'odeur alléché. On trouva les divans moelleux, les liqueurs hautes en goût ; c'était l'âge heureux des liqueurs ; l'heure de la bière n'avait pas encore sonné. Bref, le divan Lepelletier fut consacré sans peine ; et du premier coup, grâce à ses parrains, il se trouva élevé à la dignité d'un rendez-vous littéraire et artistique. On y vint des quatre coins du romantisme. Pétrus Borel s'y rencontra avec Lassailly; Eugène Pelletan y fit la connaissance de Préault; les mélancolies de Chenavard y alternèrent avec les colères de Berlioz; Théodore Toussenel, qui venait de traduire Théodore Hoffmann, et Roger de Beauvoir, qui venait de rimer *la Cave et l'Épée*, tinrent à honneur d'augmenter cette clientèle jeune et brillante. — Meissonier passait par là, on le pria d'entrer. — Le lendemain il revint avec Célestin Nanteuil, déjà célèbre par d'admirables eaux-fortes. Le marquis de Belloy et le comte de Gramont y représentèrent l'aristocratie; Auguste Luchet y représenta le tiers état; Henry Monnier y représenta tout ce qu'on voulut et particulièrement la satire écrite, peinte et jouée.

J'y ai vu, dans la même soirée, le tailleur Renard, le comédien Bocage, le publiciste John Lemoinne, Pierre Dupont, Amaury-Duval et Choquart, — le garde du corps Choquart, toujours en quête d'un duel et criant d'une voix de fausset à je ne sais plus qui : « Mon petit monsieur, je vais vous passer mon cure-dent à travers la poitrine! » — J'y ai vu la belle tête grise de Daumier auprès du front crépu de Privat d'Anglemont. — J'y ai vu le pauvre Alfred de Musset commencer ses mélanges atroces de bière, d'eau-de-vie et d'absinthe. — J'y ai entendu M. de

Ruolz regretter le temps où il faisait des opéras avant de fabriquer des couverts en plaqué.

Courbet y a exposé ses théories, — des théories bien simples, et qui consistent, pour la plupart, à peindre avec le plus de vérité possible ce qu'il voit. On a beaucoup raillé ce procédé, mais les tableaux se sont vendus. Gustave Courbet venait au divan surtout pour serrer la main de ses compatriotes : — Francis Wey, Armand Barthet, Clésinger, — tous Francs-Comtois comme lui. Mais alors il ne fallait pas songer à s'approcher de cette table de famille. Quel bruit, bon Dieu! quels éclats! On y causait en s'y prenant au collet; on y discutait comme d'autres s'égorgent; on y riait à faire croire qu'on appelait à la garde. Je n'ai rien vu d'entraînant comme le rire de Courbet ; c'était un rire de bonne foi, qui l'enveloppait de la tête aux pieds. A la moindre facétie, Courbet se serrait le ventre, se frappait les cuisses, levait une jambe et puis l'autre, en disant: « Oh! la la! » comme s'il se sentait atteint d'une crampe. Puis il baissait la tête, et l'on entendait longtemps un grand bruit de fusée dans sa barbe et dans ses cheveux. C'était Courbet qui continuait de rire.

Je glisserai sur les phases politiques du divan Lepelletier. Il était contigu avec les bureaux du *National*, et peu à peu l'air du journal finit par devenir l'air du café. Après les événements de février, la littérature dut serrer ses rangs pour faire de la place à Bastide, à Charras, à Duclerc, à Marrast, à Durrieu; le feuilleton s'effaça devant les premiers-Paris. Les uniformes arrivèrent aussi; on vit au divan le général Bougainville, le général Margadel, le général Daumas, le général Gault; on coudoya M. Lagondie, le plus myope des colonels; on s'embarrassa les jambes dans les sabres de MM. Reibell et Isnard. — Un soir de décembre 1851, soir de givre, M. Boudrot, commissaire de police, y opéra plusieurs arrestations sans signification. Néanmoins, le divan Lepelletier en reçut un coup, sinon mortel, du moins grave. Les consommateurs prudents s'en éloignèrent, et, une fois de plus, le champ resta aux gens de lettres.

Gustave Planche y revint, vieilli, appuyé péniblement sur une canne. Il m'offrait volontiers un verre de genièvre, qui était sa liqueur favorite. — Non loin de lui, Aussandon me saluait du sourire; et une fois, je m'en souviendrai toujours, je vis entrer brusquement, sans chapeau, Gérard de Nerval, une grande fleur de glaïeul à la main. C'était dans l'année 1855.

Je ne voudrais cependant pas vider l'almanach Bottin dans cet article; d'un autre côté, comment imposer silence à la foule de mes souvenirs? Comment repousser tous ces noms qui tourbillonnent autour de ma plume? N'allons pas oublier Gustave Mathieu, le chansonnier, — une joie, un bruit, une couleur! eût dit Jules Janin;

Gustave Mathieu, qui a signé *Chante-Clair*, *le Grand Étang*, et les adorables couplets de *Cenderinette*. Il entrait au divan un bâton de houx à la main, l'œil gai, l'oreille en feu, et sur cette oreille en feu un petit chapeau de ligueur. Il causait d'habitude avec René Lordereau, un camarade de mer, — car Mathieu avait passé seize fois la ligne, et il avait rapporté de ses voyages une éloquence entraînante et des gestes étourdissants. Sa conversation était un dithyrambe perpétuel. Mathieu avait une vigne dans le Nivernais, cette vigne s'appelait *le Clos-Pessin*, et elle produisait vingt tonneaux au plus par année. Ces vingt tonneaux, je ne dirai pas que Mathieu les buvait à lui seul, mais il les plaçait habilement dans les maisons où son couvert était mis. Il ne voulait entendre parler que du Clos-Pessin ; son verre rempli, il le regardait au soleil ou à la bougie, et m'apostrophant : « Regarde-moi cela! admire-moi cela! quelle chair! quelle pourpre! Cela ne se boit pas, cela se mord, cela se mange! c'est de la grappe! — Oui, oui, c'est bon disais-je. — Comment, c'est bon! répliquait Mathieu en assénant un coup de poing sur la table ; comment, c'est bon! barbare! misérable! Parisien! C'est bon! voilà tout ce que ce vin t'inspire! Tu insultes le Clos-Pessin, sais-tu? Rends-moi ton verre! Où trouveras-tu quelque chose de semblable à cette purée de rubis? Est-ce à ton café Anglais? Pouah! Mais songe donc, continuait-t-il en me serrant le bras, que tu peux en boire jusqu'à demain sans te faire du mal! sans te faire du mal, entends-tu? Comme c'est frais à la bouche! comme c'est puissant à l'estomac! Fais-le rouler dans ton gosier. Eh bien! qu'en dis-tu? qu'en penses-tu? Crois-tu à une Providence maintenant? »

Comment arrêter cette esquisse ou plutôt ce chapitre de la vie littéraire? C'est bien simple, vous allez le voir. Le samedi 14 octobre 1859, le divan Lepelletier ouvrit sa grille pour la dernière fois. Les habitués avaient été conviés à un grand dîner par souscription. On était cinquante ou soixante autour de deux tables dressées; mais déjà tout sentait le départ : les glaces avaient été déclouées, les damiers et les boîtes de dominos gisaient mélancoliquement empilés dans un coin. — Ces convives, fidèles à la religion du souvenir, c'étaient Vidal, l'aquarelliste coquet; Gleyre, le peintre des désillusions; Alexandre Weill, une tempête de paradoxes; André de Goy, mort millionnaire; la trinité du *Charivari* : Taxile Delort, Arnould Fremy et Clément Caraguel; Pollet, un graveur de premier ordre et un miniaturiste excellent; Sutter, dont on connaît les beaux dessins à la plume; Alfred Busquet, le poëte longtemps caché dans la peau du critique; deux journalistes au repos, Joseph Fioupou et Hervé; Peisse, qui fit plusieurs années le salon au *Constitutionnel*; Georges Bell, l'ami, le secrétaire et l'éditeur de Méry; qui encore? Guichardet, — surnommé l'*homme de la situation*, — Guichardet dont nous avons esquissé autre part la grande physionomie. (*La Lorgnette littéraire.*)

A côté de ces notoriétés il y avait aussi les habitués de la vie privée, de simples capitalistes, de modestes banquiers, des médecins inédits, des propriétaires sans nom. Ce dîner des funérailles fut modeste et cordial. On se sépara avant minuit.
— Le divan Lepelletier avait vécu vingt-deux ans.

LES
RONDES DU COUVENT

Il n'y a pas longtemps encore, j'habitais, aux limites extrêmes du faubourg Saint-Germain, une maison dont les fenêtres plongeaient sur le grand jardin d'un couvent.

Par couvent, j'entends une de ces belles maisons d'éducation où les jeunes filles du plus haut rang reçoivent une instruction conforme à leur naissance ou à leur fortune.

Trois fois par jour, aux heures des récréations, dès que la cloche avait retenti, je voyais s'ébattre entre les arbres séculaires, l'essaim des robes blanches.

J'entendais le chœur des éclats de rire, argentins et frais, — perles qu'on égrène, cascades qui chantent.

Et, le coude à ma croisée, je rêvais.

.˙.

Les jeunes filles s'enfonçaient dans les vertes

allées par groupes de trois ou de quatre. C'étaient les plus grandes.

Elles allaient à pas mesurés, causant gravement de choses futiles et futilement de choses graves.

Pendant ce temps-là, les plus petites, rassemblées dans un coin du jardin, jouaient à ces jeux qui s'appellent : *les quatre coins, le collin-maillard* ou *la clef du jardin du roi*.

Ou bien — elles chantaient et dansaient des rondes.

Les rondes ont toujours eu un grand attrait pour l'enfance.

.·.

A cause de la distance, les paroles n'arrivaient pas jusqu'à moi; je ne pouvais saisir que les airs.

Dois-je le dire? Je me sentais quelquefois choqué de ces airs, dont la plupart n'éveillaient que des souvenirs grivois, car — il faut l'avouer — nos vieilles rondes françaises ne se piquent guère de pruderie.

J'éprouvais une sensation désagréable en entendant bruire sur ces lèvres enfantines des rondes telles que : *C'est Suzon la camarde; dans un verger Colinette; Margot est allée au moulin; le moine de Marmande,* etc., etc.

Et d'autres encore dont le texte absolument dépourvu, sinon de gaieté, du moins d'innocence, me faisait accuser la prudence des surveillantes.

⁂

Eh bien! je m'étais trop hâté de m'offusquer.

Comme en beaucoup d'autres circonstances, j'avais porté un jugement téméraire.

Un événement devait me le prouver.

Aux vacances dernières, je me trouvais à S...-sur-Oise, dans une charmante famille qui m'avait offert une hospitalité de quelques jours.

Là, je me rencontrai avec une jeune personne, du visage et du caractère le plus agréable, mademoiselle Hortense de B...

Les hasards de la conversation m'apprirent qu'elle était pensionnaire du couvent du faubourg Saint-Germain — mon couvent au grand jardin plein d'ombre et de chansons!

⁂

Un matin, j'entendis mademoiselle Hortense fredonner une de ces rondes dont je viens de parler. C'était, sauf votre respect, *la Belle Bourbonnaise*.

Cette fois, je ne pus contenir mon étonnement, et l'abordant je lui dis :

— Mademoiselle, connaissez-vous les paroles de l'air que vous murmurez?

— Certainement, monsieur, me répondit-elle en levant sur moi son œil limpide.

— Je vous avoue que je serais curieux de vous les entendre dire.

— Rien de plus facile, monsieur.

Et, d'une voix de cristal, elle commença ainsi :

> Une petite fille
> Qui mange, dort, s'habille,
> Et tout le jour babille,
> Jamais rien n'apprendra;
>   Tra la la la, etc.
>
> Jamais ne devient grande
> La petite friande,
> Qui sans cesse demande
> Puis ceci, puis cela;
>   Tra la la la, etc.
>
> Travaillons sans relâche :
> L'enfant distrait et lâche
> Qui néglige sa tâche
> Perd l'argent du papa;
>   Tra la la la, etc.

Elle s'arrêta.

J'étais confus. Néanmoins, voulant pousser les choses jusqu'au bout, je lui demandai si elle en connaissait d'autres.

— Je les connais toutes! s'écria-t-elle avec un naïf orgueil.

— Oh! toutes! répétai-je en souriant et en hochant la tête.

— Mais oui, monsieur.

— C'est ce que nous allons bien voir...

Et, à mon tour, je me mis à fredonner les premières mesures de la ronde de *l'Avocat* : *Ma mère m'a mariée !*

— Je ne sais que cela ! dit la jeune fille triomphante ; écoutez plutôt.

> Si j'ai bonne mémoire,
> Eh ! eh ! eh ! — Ah ! ah ! ah !
> Je vous dirai l'histoire
> De la petite Anna,
>
>   Ah ! ah ! ah ! ah !
> De la petite Anna.
>
> C'était la fille unique,
> Eh ! eh ! eh ! — Ah ! ah ! ah !
> D'un marchand qui, d'Afrique
> En France l'amena,
>
>   Ah ! ah ! ah ! ah !
> En France l'amena.
>
> Voici qu'un jour son père,
> Eh ! eh ! eh ! — Ah ! ah ! ah !
> Lui dit : « Je sors, ma chère ;
> » Ne regarde pas là,
>
>   » Ah ! ah ! ah ! ah !
> » Ne regarde pas là. »
>
> L'épreuve était trop forte,
> Eh ! eh ! eh ! — Ah ! ah ! ah !
> Anna poussa la porte,
> Et la porte céda,
>
>   Ah ! ah ! ah ! ah !
> Et la porte céda.

> Quelle frayeur mortelle!
> Eh! eh! eh! — Ah! ah! ah!
> En voyant devant elle
> Se dresser un boa,
>
> Ah! ah! ah! ah!
> Se dresser un boa, etc.

**
**

Décidément, j'étais tout à fait rassuré.

Il devenait évident pour moi qu'un esprit délicat avait substitué aux paroles primitives des paroles nouvelles et morales.

Le charme ancien restait intact, et rien n'était plus de nature à alarmer les tendres oreilles.

Ce nouveau texte était presque toujours amusant et souvent ingénieux; mademoiselle Hortense de B... ne se fit pas prier pour dégoiser tout son répertoire.

C'est ainsi que je connus les modernes versions de : *Joli tambour revenant de la guerre;* de : *A Nantes il est arrivé;* de : *En revenant de Saint-Alban...*

**
**

Parlons un peu de cette dernière :

En revenant de Saint-Alban est devenue, en passant par le couvent, *Mademoiselle du Clinquant.*

Mademoiselle du Clinquant,
Eh! ne vous estimez pas tant!
Prenez cet avis en passant.
  Eh! ne vous zest,
  Eh! ne vous zist,
Eh! ne vous zest, et zist, et zest,
Eh! ne vous estimez pas tant!

Quant on vous flatte par devant,
Eh! ne vous estimez pas tant!
Par derrière on rabat d'autant,
  Eh! ne vous zest, etc.

Si votre châle est élégant,
Eh! ne vous estimez pas tant!
Il fait honneur au fabricant.
  Eh! ne vous zest, etc.

— Voyez-vous, ajoutait Hortense, chaque fois qu'on chante le refrain : *Eh! ne vous zest! eh! ne vous zist!* il faut saluer ses voisines de droite et de gauche. Comme cela.

*
* *

L'*Enterrement de la Poupée* est un petit chef-d'œuvre.

J'en ai retenu quelques strophes :

« Je lègue, à défaut de bien,
Dit-elle en sa maladie,
La roideur de mon maintien
A quelque jeune étourdie. »

A ces mots elle se tait.
Un baiser, baiser suprême!
Enleva ce qui restait
De couleur à son front blême.

> Thècle portait son manteau,
> Cher présent de Caroline;
> Clara portait son chapeau
> Et Zoé sa crinoline.
>
> Puis, au pied d'un gros chou-fleur,
> Dans la terre l'on dépose,
> Avec surcroit de douleur,
> Le cercueil de papier rose.
>
> Sur un banc de vert gazon
> Tout à coup monte Henriette,
> Pour prononcer l'oraison
> Funèbre de la pauvrette...

*
* *

J'ai voulu savoir le nom de l'aimable auteur de ces transpositions.

C'est M. Marcellin Moreau, qui a publié plusieurs ouvrages d'éducation attrayante.

En tête de son recueil de rondes, il a placé l'apologue suivant qui explique parfaitement son intention et son but :

« Une petite personne, dont les yeux vifs et curieux n'étaient que depuis quatre ans seulement ouverts au spectacle de ce monde, avise un jour, dans un de ses inventaires du logis maternel, sur une table, un couteau à la lame bien affilée. De la vue au désir et du désir à l'exécution, il n'y a qu'un pas. Le couteau est capturé, et voici la petite fille risquant d'entailler vingt fois ses petits doigts roses et potelés.

» — Que vois-je? s'écria tout à coup la maman

dont l'enfant venait de surprendre la vigilance; laisse cela, mon ange, tu te ferais mal; si tu savais combien ce couteau est méchant!

» Le petit ange n'était nullement de cet avis, et trouvait au contraire le couteau charmant et de bonne amitié. Il fallut parlementer; l'enfant criait bien fort et n'entendait rien, quand la mère, à bout de raisons, aperçut fort à propos un couteau à papier en corne transparente. A la vue de ce brillant objet qui lui est offert par la tendresse maternelle et par elle substitué au dangereux instrument, l'enfant sourit, abandonne le premier couteau, et peut sans danger continuer ses jeux. »

Très-spirituellement pensé et écrit, monsieur Marcellin Moreau!

AU HASARD

Hier, Boileau — oui, le vieux Boileau Despréaux lui-même — a obtenu d'en haut la permission, qu'il sollicitait depuis longtemps, de venir passer un jour à Paris.

Il en était resté à sa satire VI, à sa description naïve des *embarras* d'une capitale sans trottoirs, au ramage des coqs, au tapage des serruriers — *laborieux Vulcains*, — aux croix de funeste présage, au grand troupeau de bœufs, aux sonnettes des mulets, à la planche posée en travers d'un ruisseau gonflé par l'orage, au cheval du médecin Guénaud.

En ces temps primitifs, un homme à cheval était un événement !

Boileau s'est trouvé transporté — par enchantement — en plein boulevard. Il n'a rien reconnu, cela va sans dire, il s'attendait à être surpris. Mais, malgré ses prévisions, il n'a pu se défendre d'un certain sentiment d'effroi au milieu de cette foule et de cette clameur considérables, continuelles. Il s'est cru, au premier instant, chez un peuple en révolution.

A la hauteur de la rue et du faubourg Montmartre, le « législateur du Parnasse » est demeuré pendant dix minutes sans pouvoir avancer ni reculer, pressé, heurté, froissé, coudoyé, effarouché, — et passablement inquiet pour sa montre, un cadeau de Louis XIV.

Il y a vingt ans, il y a quinze ans, ce n'était pas Paris, c'était Londres qui était en possession de ce bruit, de ce mouvement, de cette cohue; c'était Londres qui était l'étonnement, l'effarement, l'épouvante! Nous avons changé tout cela. En peu d'années, Paris, démesurément agrandi et peuplé, a reconquis le premier rang, ou plutôt s'est placé à un rang unique, éblouissant, vertigineux, où aucune cité ne pourra l'atteindre!

J'ai suivi Boileau.

Il a cheminé tout doucement le long des boulevards, comme un bon bourgeois qu'il était, bayant aux maisons nouvelles, et accueillant les minois nouveaux avec des grognements qui auraient suffi à faire reconnaître l'auteur de la satire sur les femmes.

« Là étaient les grands jardins de Regnard », a-t-il murmuré en s'orientant au coin de la rue Richelieu, devant la maison Frascati. Et il s'est surpris à répéter ses propres vers, qui semblent à présent une amère moquerie :

Paris est pour le riche un pays de Cocagne :
Sans sortir de la ville il trouve la campagne;
Il peut, dans son jardin tout peuplé d'arbres verts,
Recéler le printemps au milieu des hivers,
Et, foulant le parfum de ses plantes fleuries,
Aller entretenir ses douces rêveries.

Cherche aujourd'hui des jardins dans Paris, tu auras de bons yeux !

FEMME A LA MODE

Celle-ci est Anglaise, à en juger par son nom (c. p.) et par sa prononciation; bien près de n'être plus jeune; faite comme tout le monde; d'une beauté discutée; un Titien apocryphe avec des repeints, tirant son unique éclat d'une chevelure étrange, la perruque de Bérénice des temps modernes; — une physionomie incertaine, des traits dépourvus de caractère, des yeux et des lèvres où l'on cherche vainement quelque chose qui ressemble à de la grâce, ou à de l'énergie, ou à de la finesse, ou à de la bonté, ou à de la tristesse, ou à de la fatalité; un ensemble sans vibration, remarquable seulement à force de nullité; très-riche, à ce qu'il paraît, c'est-à-dire ayant un hôtel, des écuries, un nombreux domestique, des écrins follement garnis; montant très-bien à cheval, conduisant à ravir — c'est là le point sur lequel il faut insister, — fort entendue en matières de courses; occupant les premières places dans les tribunes et les premières loges dans les théâtres; toujours entourée, adulée, obsédée, célébrée, invitée, disputée; le centre d'un monde supérieurement placé et qui a élevé la frivolité à la hauteur d'une religion; l'idole adorée et diamantée d'une jeunesse apparentée aux moutons de Panurge, — d'une jeunesse qui ne pense, ne s'habille, ne sort, ne soupe et n'aime que conformément à un programme gravement élaboré par deux ou trois de ses présidents; d'une jeunesse et d'un monde qui, à bout de tout, en sont arrivés à s'éprendre de la banalité, à s'affoler de l'insignifiance. Dernière originalité, la plus inattendue, et après laquelle il faut tirer l'échelle !

Voilà la dame, — un des produits les plus singuliers de notre décadence ou de notre progrès, comme vous voudrez; une énigme à déconcerter toutes les sagacités, un paradoxe à dérouter toutes les traditions. Pour remplir la place rayonnante qu'occupe aujourd'hui cette personne si étonnamment incomplète, il ne fallait pas moins autrefois de toute la beauté d'une Phryné, de toute la philosophie d'une Aspasie, de tout l'esprit d'une Ninon de Lenclos. On comprenait alors ces renommées et ces fortunes. A présent, on n'est plus aussi exigeant. On a banni de Cythère l'esprit, l'amour et la beauté. Rien que cela !

CONCIERGES

L'ami Hervier, en emménageant dans son nouvel appartement de la chaussée des Martyrs, avait aperçu cette inscription à la vitre de la loge : *Le concierge fait aussi les commissions.* Plutôt que d'écrire du mal des concierges, je vouerais au supplice du brasier la main qui tient cette plume. On a calomnié les concierges; l'épigramme et la caricature sont allées trop loin sur leur compte. Le trait que je vais raconter est tout entier à leur louange : c'est leur moralité que je prétends célébrer, c'est leur haute prudence que j'essaye de mettre en lumière.

Quelques jours après son installation, Hervier se ressouvint de l'avis qu'il avait lu sur la vitre de la loge, et il descendit lui-même, afin de remettre au concierge une lettre qu'il désirait voir porter sur-le-champ à son adresse. Le concierge venait de s'asseoir à table avec son épouse; il s'empressa d'essuyer sa bouche, et il se leva pour recevoir la lettre, qu'accompagnait une pièce de deux francs qu'il reçut également. La suscription portait ces mots : *A madame Élisa Dubreuil, rue Jacob, n° 11.*

— Je vais m'y transporter, dit le concierge.

— Il y a une réponse, ajouta Hervier.

— Très-bien, monsieur.

Dès que le locataire fut remonté chez lui plein de confiance, la femme du concierge ne put s'empêcher de remarquer combien cette course survenait mal à propos, et elle engagea son mari à manger au moins sa soupe. La soupe mangée et arrosée d'un verre de vin, le concierge se laissa aller à attaquer un petit carré de veau, car le temps était humide, et il avait besoin de forces pour se rendre jusqu'à la rue Jacob, — qui n'est point à deux pas, comme le faisait judicieusement remarquer sa compagne.

Il prenait cependant sa casquette pour sortir, lorsque deux personnes entrèrent dans la loge, son beau-frère et sa belle-sœur. Effusions et embrassades. On ne s'était pas vu depuis deux ans. Que de choses on avait à se dire! Le concierge se rassit en pensant que madame Dubreuil pouvait bien attendre quelques instants. Neuf heures, dix heures, onze heures sonnèrent successivement, sans que le beau-frère et la belle-sœur fissent mine de s'en aller. Le concierge remit sa course au lendemain matin, sa femme lui ayant représenté qu'après tout ils n'étaient pas des esclaves, qu'ils appartenaient, eux aussi, à la société, et qu'ils avaient des devoirs de famille tout comme leurs locataires.

Le lendemain en effet, au point du jour, le concierge, aiguillonné par les reproches confus de sa conscience, partait rapidement pour la rue Jacob. Vers huit heures, l'ami Hervier descendit pour savoir la réponse qui avait été faite à sa lettre.

— Je l'ignore, monsieur, dit astucieusement la femme; mon époux est sorti.

Deux fois encore dans la journée, Hervier se présenta au carreau de la loge avec le même insuccès. Le concierge ne rentrait pas. Sa femme était visiblement inquiète. Qu'est-ce qui pouvait lui être arrivé? quel événement avait pu retenir un homme aussi rangé, une âme d'or sous une redingote olive? Et mentalement elle envoyait au diable la rue Jacob et madame Élisa Dubreuil, sans oublier son nouveau et inoffensif locataire, l'ami Hervier.

Enfin, à une heure passablement avancée du soir, le concierge apparut, un refrain aux lèvres, la joue rosée, la casquette doucement penchée vers l'oreille, le regard bienveillant. Sa femme comprit tout. Mais il était de retour, c'était le principal. Elle ne souffla pas mot. Il parlait très-haut, et sa narration fut abondante. Il avait confondu la rue Jacob avec une autre (la grande rue de Ménilmontant, par exemple); il lui avait fallu revenir sur ses pas; la pluie l'avait surpris; en passant sur le Pont-Neuf, il s'était heurté à des amis, à des frères d'armes, — Milianah et litre à seize! — Et, finalement, quand, après mille péripéties, il s'était trouvé devant la porte de madame Élisa Dubreuil, il s'était aperçu avec consternation qu'il avait oublié la lettre au logis, dans sa vieille veste. C'était la vérité. Il n'y avait rien à dire. Le bonhomme gagna son lit, se balançant légèrement.

La femme était sur pied, à son tour, le lendemain matin, arrangeant sur ses épaules un tartan jaune et vert, s'agitant dans une importance inaccoutumée, la parole brève :

— Donne-moi la lettre, dit-elle à son mari.
— La lettre ! pourquoi faire ?
— Donne toujours.
— La voici.

La femme du concierge avait passé toute la nuit en réflexions. C'est elle maintenant qui voulait porter la lettre ; ou plutôt, auparavant, elle voulait prendre des renseignements sur cette madame Dubreuil, Élisa Dubreuil ; savoir qui elle était, d'où elle venait, quelle profession elle exerçait, si elle était réellement mariée, et si son mari s'appelait bien Élisa Dubreuil, un nom de sirène !

« Car enfin, disait-elle en gesticulant, Paris est la patrie des aventurières ! Ce n'est pas une raison pour abuser de nous. Nous sommes concierges, c'est vrai ; tu fais *aussi* les commissions, c'est écrit ; mais nous n'avons pas renoncé pour cela à tout sentiment de délicatesse et d'honneur. Attends-moi ! »

Elle était partie sur ces paroles, *très-montée*, comme on dit, laissant le concierge stupéfait répondre à Hervier :

« Ah! oui... la lettre... je ne sais pas... c'est ma femme...... elle est sortie. »

Et lorsque le même jour, — le troisième! — le pauvre Hervier, au comble de l'impatience, redescendit de nouveau dans la loge pour la douzième ou treizième fois, il se trouva face à face avec la femme du concierge, qui, d'un air froid et d'un accent sévère, lui dit :

— Tenez, monsieur, reprenez votre lettre et vos deux francs; nous n'avons pas pour habitude de nous charger de ces sortes de commissions!

LE NEZ DE CARTON

Ça, des bals masqués!

Ça! ça!

A qui le ferez-vous croire?

Pas à moi, du moins, ni même aux gens de trente ans, lesquels ont pu voir les derniers bals masqués de l'Opéra, — qui n'étaient cependant qu'un pâle reflet des anciens.

Ça, des bals, — ces grandes salles où l'on entre de plain-pied, en paletot, les bottines tachetées de boue, un cigare aux lèvres; — ces cohues compactes et noires, d'où surgissent à de rares distances un pierrot navré ou une fille Angot complétement ivre!

Ça, des danseurs!

Des épileptiques sans conviction, tout au plus.

Que nous sommes loin de ces glorieux fantoches de jadis qui savaient donner une âme à leurs pieds et à leurs bras!

Un des derniers représentants de la danse excessive et symbolique a été Brididi.

Écoutez Banville, qui l'a connu :

« Je me rappelle qu'une fois, au bal masqué du

premier Théâtre-Lyrique, Brididi, ayant déjà pris au vestiaire son paletot gris, et l'ayant endossé, trouva une fillette qui lui plut, et il se décida à danser le dernier quadrille. Alors, il entra son pantalon dans ses bottes, chiffonna son chapeau de façon à lui donner l'aspect du petit chapeau historique, et, par une grimace subite, se donna étonnamment le visage de Napoléon Ier. Puis, le quadrille qu'il dansa représenta, de Toulon à Sainte-Hélène, toute la légende impériale; et le galop final était l'apothéose! »

J'ai fait une douloureuse remarque au bal masqué des Folies-Bergères : — le nez de carton tend à disparaître, le nez de carton s'en va.

A peine si deux ou trois de ces simulacres cartilagineux se profilaient timidement au fond des loges, ou apparaissaient furtivement au tournant des corridors pour se perdre aussitôt dans la grande mêlée.

Le nez de carton est en train d'aller rejoindre le jabot, la badine, le gilet de satin noir, le pantalon à pont et les bottes à tiges rouges.

Et je suis seul aujourd'hui à me lamenter sur le sort du nez de carton.

Le nez de carton, comme tant d'institutions à présent vermoulues, a eu sa période d'éclat; il s'est imposé; il a brillé sur le visage des *jeunes fous* et des *aimables étourdis* du règne de Louis-Philippe. En sortant du café de Paris, vers minuit ou une heure, les *fashionables* disaient : « Où est mon nez de carton? » de la même façon qu'on dit : « Où sont mes gants? » On a vu le nez de carton jusque dans la Loge Infernale.

Ainsi patronné, il a été trouvé charmant par tout le monde, gracieux, spirituel, *romantique* même; il murmurait des madrigaux à toutes les oreilles à la mode.

— Ah! vous êtes un nez bien dangereux! soupirait madame de J..., en se promenant, au foyer, au bras de M. de V...

Un des amis de Lautour Mézerai avait appendu le sien — son nez de carton — au plafond de sa chambre à coucher, comme un *ex-voto*.

— Je lui dois les plus belles conquêtes de ma vie! avait-il coutume de dire en lui adressant un regard chargé de reconnaissance et d'attendrissement.

J'ignore pourquoi la fashion, au bout de quelque temps, laissa tomber le nez de carton.

La bourgeoisie le ramassa.

Au plus haut que remontent mes souvenirs, je retrouve dans le lointain étincelant des bals de l'Opéra, un nez de carton honnête, posé, sans prétention, dont personne ne s'étonnait et auprès duquel on passait avec indifférence. Il n'embellissait rien, mais il ne gâtait rien. Il n'était pas de trop.

Ce qui a perdu le nez de carton, c'est d'avoir voulu être sérieux, d'avoir prétendu représenter

4.

quelque chose, tantôt le notariat, tantôt la droguerie en gros, tantôt la province curieuse et gourmée. Du jour où il visa à la gravité, la raillerie s'accrocha à lui et ne le lâcha plus. Les chicards, les ballochards, les sauvages, les hommes habillés en nourrices, le poursuivirent de leurs huées.

Pour surcroît d'infortune, Gavarni le rencontra un soir, assis mélancoliquement sur une banquette, entre deux dominos féminins. Gavarni est un des premiers qui aient commencé la ruine du nez de carton.

A partir de ce moment, sa déchéance fut votée d'une voix unanime. On découvrit tout à coup qu'il était laid, invraisemblable avec sa moustache de crin, malencontreux, indiscret, indécent, et qu'il gênait le passage. On l'a classé avec les Turcs. Il a essayé de protester, on l'a mis au poste.

Dans le principe, le chapeau suffisait pour fixer et maintenir le nez de carton : — mais de mauvais plaisants enlevaient le chapeau, ce qui occasionnait la chute du nez et laissait à découvert un visage irrité...

On l'attache maintenant derrière les oreilles.

Adieu donc, porteurs de nez de carton, mélancoliques débris d'une héroïque phalange! Adieu donc! Encore un hiver peut-être, et votre race sera définitivement dispersée. Bafoués, aigris, dégoûtés, abrutis, vous aurez dit un éternel adieu au bal masqué et à ses pompes, — mais vous n'aurez cédé qu'à la force et à la cruauté.

Qu'on aille m'acheter un nez de carton : je le destine au musée Campana de l'avenir !

BOBINO

Ceux de ma génération se souviennent encore de ce petit édifice situé à deux pas d'une des portes du jardin du Luxembourg, dans la rue de Fleurus, où se balancent quelques arbres oubliés ou tolérés, gaieté des pavés.

C'était en face de ces arbres le théâtre de Bobino.

La façade, qui affectait un petit air de temple, était décorée de bas-reliefs mythologiques, et de deux bustes qui pouvaient bien être Racine et La Fontaine. Au-devant de cette façade, un modeste parterre où fleurissaient quelques lilas. Et tout cela gentil, calme, souriant. Le café à côté.

Vous y reconnaissez-vous? et mon croquis est-il exact?

O notaire ou avoué qui me lis d'un regard distrait, tes yeux viennent de s'agrandir soudainement. A ce nom de Bobino, tombé dans ton étude comme une pierre dans un lac, ton cœur de notaire a tressailli. Tu as rougi derrière tes lunettes de notaire, et tu as regardé autour de toi pour t'assurer que tu étais bien seul. — Ne t'en défends pas, maître Ernest ou maître Edouard! —

Ensuite, repoussant immédiatement les dossiers que ton premier clerc venait d'apporter, tu as plongé ton front de notaire entre tes mains de notaire, et avant même de continuer la lecture de cet article, tu as répété, — mais non plus avec ta voix de notaire :

— Bobino !

Eh bien ! oui, Bobino, ton Bobino, le Bobino de tes vingt ans et même de tes vingt-cinq ans !

Il n'y a pas à dire : tous les avocats, tous les médecins, tous les magistrats répandus aujourd'hui sur la surface de la France ont passé par le théâtre de Bobino. Je défie quelqu'un d'entre eux de m'affirmer qu'il a échappé à cette loi commune. Bobino était inévitable pour un étudiant, comme la colonne Vendôme pour un soldat. Bobino complétait l'École de droit, l'École de médecine et le Collége de France.

Ce n'était pas que Bobino fût un théâtre merveilleux. De mon temps, il était éclairé avec des quinquets. Je n'ai jamais pu définir ce qu'on y jouait : c'étaient peut-être des vaudevilles, c'étaient peut-être des drames. Tout ce que je sais, c'est que plusieurs de nous — des sournois de cabinets de lecture — s'aventuraient à apporter des pièces à Bobino. Théodore Barrière a commencé de la sorte.

Le directeur avait une robe de chambre.

Pourquoi Bobino s'appelait-il Bobino ? A quoi

rimait Bobino? Était-ce un nom de port ou un nom d'homme? Il ne me serait sans doute pas impossible de l'apprendre en interrogeant l'*Histoire des petits théâtres*, de Brazier. Je préfère garder mon ignorance. Ce mystère ne me déplaît pas. Pour les Parisiens de la rive droite, c'était le théâtre du Luxembourg; pour nous seulement, c'était Bobino.

Nous avions tout dit quand nous disions : « Allons à Bobino! » Bobino était à nous; voilà pourquoi nous lui trouvions tant d'attraits. Nous y faisions la pluie et le beau temps. Pas de frais de toilette; on arrivait là les mains dans ses poches. Une fois placé, on s'interpellait d'une loge à l'autre; on enjambait les banquettes. La marchande (c'était Henriette) allait et criait : « Orgeat, limonade, sucre d'orge! » Politesse à bon marché faite à sa voisine! Le sac de bonbons était remplacé par la modeste et classique orange.

Notaire! notaire! Ne viens-tu pas de voir passer devant ton papier timbré deux yeux brillants et riants? Ces yeux ne t'ont-ils pas lancé un regard qui te rapportait tout le passé dans un éclair? Ah! pauvre notaire! Je ne veux pas aller plus loin dans cet ordre d'idées; je craindrais de t'effaroucher avec raison. Avouons cependant que c'était le bon temps; conviens que ni l'ambition satisfaite ni la fortune acquise ne t'ont rendu certaines heures passées à Bobino.

Écoutions-nous les pièces de Bobino? Je ne

m'en souviens plus guère. Je crois que nous étions déjà sceptiques à l'endroit des ficelles dramatiques. Nous nous contentions de répéter en chœur les refrains des couplets.

Les actrices avaient leurs partisans : elles étaient quelquefois jolies, -- avec le talent du diable. Mais nous les connaissions trop, nous les voyions tous les jours de trop près, pour qu'elles pussent exercer sur nous un prestige bien considérable. La plupart venaient faire leur bézigue au café. Cependant, comme une femme de théâtre est toujours un être à part, on leur écrivait des lettres, des déclarations, on les invitait à des parties de campagne, qu'elles refusaient ou acceptaient, dans une sage mesure — Je t'ai toujours soupçonné d'avoir adressé des vers à Pascaline, la petite soubrette.

Après le spectacle — oh ! ne crains rien, chaste notaire ! — on soupait souvent, les commencements du mois, chez Dagneaux ou chez Pinson, les autres jours, à partir du dix, dans nos chambres, tout modestement. Un pâté pris chez le charcutier, quelques bouteilles sous le bras, et l'on montait en chantant l'escalier de l'*hôtel de l'Empereur Joseph II*. — Ces chansons sonnent toujours dans mon cœur, mêlées à des éclats de rire argentins, comme je n'en ai jamais entendu depuis ! — Tu montrais avec orgueil ta collection de pipes. Lorsqu'il n'y avait pas assez de chaises, on s'asseyait où l'on pouvait, comme l'on pouvait. La concierge fournissait des verres et des assiettes. Nous ne saurions plus souper de la sorte à présent, ami notaire! Nous sommes des corrompus. Il nous faut nos aises, des porcelaines, des serviettes roides, des verres mousseline; il nous faut des fauteuils en cuir pour l'hiver, et des chaises de canne pour l'été.

Mes souvenirs de Bobino m'entraînent malgré moi. Je cède à la ronde des regrets, aussi fascinante que la ronde des Willis. Que veux-tu! on s'attache à des choses, à des murs, à des herbes.

TYPOGRAPHES

Le ciel me garde de me mettre mal avec les typographes ! On a prétendu qu'un grand homme n'existe pas aux yeux de son valet de chambre ; on pourrait dire également qu'il existe bien peu d'écrivains — dans, le sens littéraire du [mot — pour les imprimeurs.

Là où le public admire, le compositeur sourit ; il sait quels efforts et quels remaniements a coûtés telle page éclatante, tel morceau à effet ; il sait quel mot stupide a précédé le mot sublime ; il connaît le secret de l'éloquence, le ressort de l'esprit, — et comment, de rature en rature, on arrive à simuler la facilité !

Aussi, je dois l'avouer, les typographes sont généralement sceptiques. Cette habitude de vivre dans les coulisses de la pensée les a rendus quelque peu insensibles à la mise en scène de nos élucubrations.

Il faut les voir impassibles à leur *casse*, ne s'arrêtant à aucun paradoxe, ne sourcillant devant aucune énormité, — imprimant avec Laplace que la terre est ronde, et avec Mercier qu'elle est plate ; — proclamant avec M. de Biéville l'infériorité dramatique de Shakspeare ; — ligueurs avec Mayenne, royalistes avec le Béarnais ; — à la hausse ce matin, à la baisse ce soir... C'est à donner le vertige!

Tant de froideur au milieu de tant de passion!

Bien surpris, et surtout bien désolé, serait l'écrivain débutant qui chercherait à surprendre sur ces visages éprouvés l'effet de sa prose ou de ses vers!

Soyons juste : les causes de cette insensibilité peuvent être en partie rejetées sur certains hommes de lettres eux-mêmes. Que de fois les typographes n'ont-ils pas eu à imprimer l'éloge d'un auteur écrit de sa propre main! Que de fois n'ont-ils pas assisté aux plus étranges substitutions de signature au bas d'un manuscrit! Croit-on qu'ils n'aient pas été suffisamment égayés ou attristés — selon le point de vue — par le spectacle incessant des contradictions, des concessions et des palinodies du journalisme politique?

Des typographes naïfs, n'en cherchons donc pas.

Les apprentis n'ont d'illusions que pendant le premier mois.

Mais des typographes spirituels, des typographes savants, des typographes excentriques, il y en a en foule. Les *types* abondent dans cette classe de la société : — le prote, le metteur en pages, le correcteur, autant de physionomies distinctes et originales.

Le correcteur surtout! la tête penchée dans le

clair-obscur d'un cabinet attenant à la composition, intelligence résignée, humble orthopédiste à qui plus d'un de nous a dû le redressement discret d'un verbe ou l'accord d'un participe! le correcteur qui s'est tour à tour appelé Pierre Leroux, Proudhon, François Buloz!

Balzac, qui a été imprimeur, nous a initiés à tout le train d'une imprimerie de province dans son roman de *David Séchard.*

Précédemment, Rétif de la Bretonne, qui composait lui-même ses ouvrages, — quelquefois sans *copie,* — était entré dans de curieux détails sur l'imprimerie du Louvre, à la fin du XVIIIe siècle.

De nos jours, Hégésippe Moreau a attaché son nom aux ateliers où il a été employé; une de ses pièces de vers est adressée à M. Firmin Didot; elle commence ainsi :

Les chefs-d'œuvre du goût, par mes soins reproduits,
Ont occupé mes jours, ont enchanté mes nuits;
Et souvent, insensé, j'ai répandu des larmes,
Semblable au forgeron qui, préparant des armes,
Avide des exploits qu'il ne partage pas,
Siffle un air belliqueux et rêve les combats!

La nomenclature des esprits distingués qui ont passé par l'imprimerie, sans compter ceux qui s'y sont arrêtés, — serait trop longue à épuiser.

Et voilà pourquoi je n'ai jamais réclamé qu'avec les plus grandes précautions, pour les fautes qui peuvent se glisser dans mes articles.

PRESTIDIGITATEURS

Comme beaucoup de grandes personnes, je ne me fais pas faute de conduire des enfants aux spectacles de prestidigitation; — les enfants servent de prétexte; on ne veut pas avoir l'air de s'intéresser à des gobelets, à des miroirs magiques, à des cartes vivantes, à des oiseaux compères, à tout cet appareil mystérieux d'un cabinet semblable à une chambre ardente.

Dieu sait pourtant si l'on ouvre les yeux, et si l'on a assez de toute son attention pour suivre les exercices du *professeur*...

Pour moi, j'ai gardé de mon enfance un vif amour pour les jeux d'adresse et de subtilité. Ceux qui me reviennent à la mémoire sont naturellement les plus naïfs : la montre pilée dans un mortier; — le pistolet bourré avec un foulard; — les tourterelles auxquelles on coupe le cou; — voire l'omelette dans un chapeau!

Je n'ai pas connu tout de suite les Robert-Houdin, les Caston, les Robin, les Brunnett; il m'a fallu d'abord me contenter des physiciens forains, des sorciers de passage, — de ceux qui revêtent une robe noire constellée d'arabesques rouges.

Il m'est resté un souvenir très-net de leur faconde, de leur aisance, — et aussi de leur malignité. Cela tient à l'imprudence que j'eus un jour de confier à l'un d'eux, sur sa demande, une superbe pièce de cinq francs.

— Mon petit ami, dit-il en la faisant briller au bout de ses doigts, vous êtes bien certain de m'avoir remis une pièce de cinq francs... Hein?... en argent... Vous en êtes bien sûr, n'est-ce pas? vous ne vous êtes pas trompé?

Je répondais d'un mouvement de tête, en souriant.

L'escamoteur fit alors passer ma pièce d'une main dans l'autre, où elle sembla se fondre.

— Pssst! fit-il d'un air dégagé.

Et il procéda tranquillement à d'autres tours.

Une demi-heure s'écoula; l'inquiétude me gagnait; je m'agitais sur mon banc; je me soulevais à demi, tâchant d'attirer l'attention de mon homme. Il ne me perdait pas probablement de vue, car soudain je l'entendis demander du ton le plus naturel :

— A propos, est-ce qu'une *personne de la société* ne m'a pas prêté tout à l'heure une pièce de cinq francs?

L'éclair n'est pas plus prompt à briller que je ne le fus à me lever et à répondre :

— C'est moi.

Il descendit gracieusement de son estrade et me mit quelque chose dans la main, en disant :

— Je vous remercie infiniment, mon petit ami ; vous voyez que tout se retrouve avec moi.

Je jetai un regard sur ce qu'il m'avait donné : c'était un morceau de plomb sans forme ni relief.

Le faiseur de tours était déjà remonté sur son théâtre, lorsqu'il se retourna au murmure de mes réclamations.

— Vous dites !... s'il vous plaît ?... une pièce fausse ? Cela est impossible..... j'en atteste le témoignage de ces messieurs et de ces dames.

Il m'avait repris la pièce fausse et en montrait une vraie à tout le monde.

— Tenez, mesdames, tenez...

Revenant ensuite à moi, il ajouta :

— Ce n'est pas bien, mon petit ami, de mentir à votre âge.

Et il me remit, cette fois, un énorme oignon.

Chacun riait à mes côtés. J'étais rouge et décontenancé ; je tenais piteusement cet oignon.

— Comment ! continua mon impitoyable bourreau, vous apportez ici des légumes ?... Peut-être en avez-vous d'autres sur vous ?...

Sans que j'eusse pu prévoir son mouvement, il plongea sa main entre mon gilet et ma redingote, et en tira successivement :

Une carotte ;

Une perruque ;

Un éventail ;

Une trompette d'un sou ;

Et finalement, une avalanche de fleurs qu'il envoya aux quatre coins de la salle.

Quant à ma pièce de cinq francs, elle fut retrouvée dans la tabatière d'un vieux monsieur, mon voisin.

Le tour fut jugé très-joli.

Néanmoins, je ne pus me défendre pendant longtemps d'une certaine rancune contre les prestidigitateurs; et depuis je fus plus discret dans mes rapports avec eux.

DIALOGUE

J'ai un de mes amis qui plaisante avec les choses les plus sacrées, et dont l'esprit de facétie ne s'arrête même pas devant l'habit gris de fer des garçons de la Banque de France. L'autre matin, un de ces honorables employés se présenta chez lui pour toucher un billet.

Mon ami, qui était seul, l'accueillit poliment, et, après avoir soigneusement refermé la porte :

— Asseyez-vous donc, lui dit-il.

Le garçon de banque. — Ce n'est pas la peine. Je viens pour un effet.

Lui. — Ah! ah! Voyons cela... Vous devez prendre vos précautions quand vous allez chez les gens?

Le garçon de banque. — Quelles précautions?

Lui. — Vous êtes armé, je suppose.

Le garçon de banque. — Pourquoi?

Lui. — Eh! eh! ce portefeuille, quoique retenu par une chaînette, est fait pour amorcer bien des convoitises... Est-ce que la chaînette tient bien?

Le garçon de banque. — Oh! très-bien. Mais...

Lui. — N'est-ce pas un garçon de banque que Lacenaire a assassiné ?

Le garçon de banque. — Je ne sais pas...

Lui. — Oui, oui... c'est un garçon de banque, je m'en souviens maintenant. Lacenaire l'a frappé de trois coups de couteau.

Le garçon de banque, *mal à son aise*. — Voulez-vous me remettre les fonds, s'il vous plaît ?

Lui. — Les voisins entendirent la chute du corps sur le plancher, suivie de sourds gémissements. Il n'y avait pas eu de lutte, à proprement parler. On a prétendu cependant que, pour l'achever, Lacenaire avait appuyé son genou sur la poitrine de sa victime.

Le garçon de banque. — C'est deux cent soixante francs, monsieur.

Lui. — Vous rappelez-vous le nom de ce garçon de la Banque?

Le garçon de banque. — Non, je ne me le rappelle pas.

Lui. — Il était dans toute la force de l'âge. Je ne me souviens plus s'il portait une sacoche... ou bien un portefeuille comme le vôtre. Ah ! ce diable de portefeuille est fait pour tenter bien du monde !

Le garçon de banque, *inquiet*. — Monsieur, je...

Lui. — Avez-vous de la famille ?

Le garçon de banque. — Un peu... mais...

Lui. — Comme il est dur de laisser derrière soi de pauvres petits orphelins!

Le garçon de banque. — Monsieur, encore une fois, je suis pressé.

Lui. — Que ne le disiez-vous plus tôt? (*Allant à son secrétaire.*) C'est égal, mon ami, sortez toujours armé, je vous donne ce bon conseil. Ayez toujours sur vous un revolver, comme moi. (*Il tire de sa poche un pistolet.*)

Le garçon de banque, *reculant*. — Oui... oui...

Lui. — Un guet-apens est si vite organisé... dans une chambre isolée comme celle-ci, par exemple, dans une arrière-cour, loin de tout bruit...

Le garçon de banque. — Vous avez raison.

Lui. — Voici vos deux cent soixante francs. Est-ce cela?

Le garçon de banque. — Oui, monsieur. Merci, monsieur. Adieu, monsieur.

Lui. — Au revoir, mon ami. (***En le reconduisant.***) Et surtout n'oubliez pas ce que je viens de vous dire... le revolver!

COMMUNIANT

Jeune communiant, où vas-tu ? — Où vas-tu, tout de neuf habillé, avec ton brassard de satin blanc à franges d'or et ton cierge à la main, — ainsi que te représente l'affiche d'un magasin d'habillements ? Où vas-tu, les cheveux frisés, la joue rose d'émotion ? — Heureux communiant ! Tu me rappelles une époque et des sensations déjà lointaines. Je revois des bagues, des chapelets bénits, des images sur papier à dentelle représentant des anges, des vases, des cœurs percés, des brebis, des chemins bordés de lis. Le lis est la fleur favorite du catholicisme. — Et moi aussi, j'ai été semblable à toi, jeune communiant ! Qui sait ? j'ai peut-être été plus rayonnant que toi, ce qui te semble difficile à croire. Tu n'as qu'un joli gilet rond ou une redingote ; moi, j'avais un habit. Entends-tu, un habit, à onze ans ! Et quel habit ! En lasting bleu ! Le lasting, étoffe inconnue à la génération actuelle !

Un beau jour, certes, que le jour de la première communion ! Le premier jour de triomphe de l'enfant ! Le jour où les cloches sonnent pour lui, où l'autel s'allume pour lui, où l'encens fume pour lui, où l'orgue chante pour lui! Un jour longuement et attentivement préparé par la famille et par l'église, — l'église, cette première poésie et cette première crainte!

Et moi aussi j'ai eu le sentiment de ma pureté absolue! Moi aussi j'ai eu au front cette fierté souriante qui vient de l'âme sanctifiée. Comme toi — jeune communiant — j'ai cru, pendant vingt-quatre heures, que je n'appartenais plus à la terre.

Cette impression, qui guette et attend l'esprit à peine au sortir de l'enfance, comme dit la romance de *Joseph*, — est une de celles auxquelles on ne se soustrait pas. Au fond, la vie ne se compose que de cinq ou six grandes dates, pas davantage. La première communion est une de ces dates.

Jeune communiant, où vas-tu?

TÉLÉGRAPHIE ÉLECTRIQUE

Nous vivons dans un siècle pressé.

Hop! hop! Housch! housch! comme il est dit dans la ballade de *Lénore*.

On rogne tout; on économise principalement sur la parole. De là le succès de la télégraphie électrique. C'est l'idéal du genre. Plus d'article, plus de pronom, plus d'adjectif; rien de ce qui est la chair et le sang de la phrase.

Du monde des affaires, le style télégraphique est destiné à passer dans la littérature. Je vois d'ici les romans de l'avenir.

Voici d'abord le roman d'aventures.

Belle matinée de printemps.

Cavalier enveloppé d'un manteau.

Lui, baiser fréquemment mèche de cheveux blonds.

Avoir quitté jeune fille aimée. Promettre mariage. Pas tenir parole.

Tout à coup, autre cavalier, enveloppé dans autre manteau.

Frère d'Edwige.

Furieux! Pas entendre raison; vouloir se battre.

Epées reluire.

— Pif!

— Paf!

Maréchaussée accourir. Au nom du roi. Enfermer eux dans prison d'État.

Passons maintenant au roman contemporain, intime et bourgeois.

Salon riche.

Minuit à la pendule.

Au dehors, voiture qui s'arrête.

M. G. Dubonte-Abba rentre du cercle.

Légèrement ému.

Cinquante-huit ans. Teint écarlate. Nez épaté. Oreilles moussues.

Affreusement bête.

G. Dubonte-Abba pousse cri.

Devant lui, sa femme, l'attendant.

— D'où venez-vous?

— Du...

— Ce n'est pas vrai!

Lettre mise sous les yeux

Pincé, Dubonte-Abba.

— C'est de votre maîtresse!

— Non...

— Et signé.

— Comment?

— *Tuyau-de-conduite.*

Évanouissement de Dubonte-Abba.

Le roman historique, avec des considérations sociales.

Louis XIV, vieux podagre.
La marquise de Maintenon, prude et noire.
Tous deux au coin du feu.
Remords pesants.
Édit de Nantes, dragonnades, Cévennes. Pas jolis souvenirs.
Bâillements prolongés.
— Marquise !
— Sire ?
— Je souffre.
— Du cœur ?
— Non, de l'estomac. Troisième chapon passer difficilement.
— Connu.
— Connu quoi ?
— Pensez à votre salut, Sire.
Grimace royale.
On annonce M. Racine.
Bouffi. Fort en perruque. Majestueux et distrait.
— Assayez-vous, monsieur.
— Que de bontés, Sire !
— Quoi de nouveau ?
— Toujours *la Fille de madame Angot*, de ce crétin de Scarron.
Racine flanqué à la porte.

LE MANNEQUIN

Un fiacre — un grand fiacre — s'arrête devant un marchand de couleurs, rue de Seine. Une dame — une dame en lunettes — d'un âge respectable, mais pas plus, en descend et entre dans le magasin.

C'est une femme artiste; on le devine à ses cheveux courts taillés *à la garçon*, à sa robe étoffée et lâche qui participe de la robe de chambre.

Elle vient louer un mannequin — pour ses études.

On lui en montre plusieurs. Après avoir hésité quelque temps, elle en choisit un de grandeur naturelle. Le marchand lui demande où il doit l'envoyer.

— J'ai une voiture avec moi, dit la dame en lunettes; je vais l'emporter tout de suite.

Le marchand donne un coup de plumeau au mannequin, l'affuble d'une espèce de sarrau gris, et veut aider la dame à le transporter jusqu'au fiacre.

— Ce n'est pas la peine, dit-elle; il n'y a que le trottoir à traverser.

Et la dame à lunettes empoigne le mannequin, le soulève et franchit la porte avec lui. Sur le trottoir, elle se heurte à plusieurs passants, — qui s'étonnent et s'arrêtent. Elle arrive à sa voiture et cherche des yeux le cocher.

Le cocher a disparu.

Voilà la dame en lunettes qui demeure au bord du ruisseau avec son mannequin entre les bras. On a vite fait de s'attrouper à Paris ; on s'attroupe autour d'elle.

Enfin, le cocher accourt en s'excusant : il était allé chercher de l'eau pour faire boire son cheval.

La dame en lunettes lui remet le mannequin et lui ordonne de le charger sur sa voiture. Le cocher hisse le mannequin, et sur le siége on voit apparaître ce couple embarrassé... Il s'agit maintenant de coucher le mannequin comme un colis.

— Pendant cette opération, le sarrau de toile s'est dérangé ; il voltige indiscrètement à la brise. De loin, l'effet est étrange et prête à sourire.

Autre embarras : le mannequin est trop grand ; ses pieds et sa tête débordent ; il faudrait l'assujettir. Le cocher n'y peut rien.

Sur le trottoir, le rassemblement s'est accru.

Un peu confuse, troublée par les plaisanteries qui frappent son oreille, la dame en lunettes s'impatiente. Le cocher finit par lui rendre son mannequin. Elle se trouve avec le mannequin qu'elle tient à bras le corps ; elle paraît hésiter, comme si elle voulait le reporter chez le marchand de couleurs. Mais *ses études* en seraient interrompues; cette réflexion la décide.

On lui donne le conseil de placer le mannequin avec elle dans le fiacre, qui est à quatre places.

C'est cela!

Le cocher ouvre la portière, tandis que la dame en lunettes y introduit le mannequin, en le poussant la tête en avant. — Toujours trop grand! — Déterminée à tout, elle lui courbe le cou, elle lui plie les genoux, elle le réduit tant qu'elle peut. Il a déjà les trois quarts du corps dans le fiacre. Encore une poussée, et l'y voilà tout entier.

Grâce à ses jambes pliées, le mannequin se trouve assis comme une personne vivante en face de la dame en lunettes, qui s'est hâtée de monter après lui, — rouge, mais triomphante.

Et le fiacre part au galop.

La dame artiste baisse pudiquement les stores.

GALERIES DE L'ODÉON

Ces galeries représentent assurément l'endroit le plus littéraire de Paris, car elles sont exclusivement garnies de boutiques de libraires, étalant à la lueur provocante du gaz les volumes récents et les brochures fraîchement échappées de l'imprimerie.

Ces libraires sont moitié bouquinistes et moitié éditeurs. On lit sur leur enseigne : « Achat et vente de livres d'occasion. »

Plus tolérants que Dentu, que Calmann Lévy, que Hachette, puisque leur *marchandise* se trouve exposée en plein air, ils voient se renouveler sans cesse une clientèle composée pour la plupart de jeunes gens des écoles. Dès que le marchand tourne la tête ou est appelé par un chaland *résolu*, on est certain de voir s'allonger cinq doigts tremblants vers quelque ouvrage d'Alphonse Daudet, de Flaubert, de Ferdinand Fabre; le volume est précipitamment entr'ouvert, avidement parcouru; le jeune homme boit quatre ou cinq phrases de l'écrivain désiré, — après quoi, il repose la coupe en soupirant...

Dignes jeunes gens !

Il y en a de déterminés (j'ai vu leurs nobles lettres) qui écrivent à l'auteur du livre nouveau :

« Monsieur,

» Je suis un de vos fervents admirateurs, mais trop pauvre pour acheter votre dernier chef-d'œuvre, je n'ai pu en lire, jusqu'à présent, que des pages entre-bâillées aux étalages des galeries de l'Odéon. Encore, le libraire, s'apercevant de ma préférence, a-t-il placé le volume hors de ma portée. Je vous laisse à juger de mon supplice, monsieur ; vous avez eu mon âge, et vous avez aimé vos illustres prédécesseurs. Au nom de ces sympathies de jeunesse dont vous devez savoir apprécier l'intensité, permettez-moi de solliciter de votre bienveillance un exemplaire de votre livre. »

De telles lettres manquent rarement leur but. Je sais un académicien qui a envoyé à un de ces braves écoliers, en même temps que son ouvrage, un couteau à papier, avec sa signature sur le manche.

Ces libraires, ai-je dit, sont aussi des éditeurs à l'occasion. L'un d'eux était Paul Masgana, dont on retrouve le nom au bas d'un assez grand nombre de volumes de la période romantique, et qui a édité successivement la *Marie* de Brizeux, les *Iambes* d'Auguste Barbier, les *Sentiers perdus* d'Arsène Houssaye.

Les femmes — excepté les actrices de l'Odéon — passent rarement sous ces galeries.

Soit instinct, soit bon sens, elles s'abstiennent de lutter avec les livres.

SPIRITES

Que sont devenus les spirites ?

On n'en entend plus parler depuis quelque temps.

Ce serait cependant bien le moment pour eux de se manifester et de nous faire quelque communication sur les événements qui s'apprêtent.

Il doit y avoir dans l'air, à l'heure qu'il est, une multitude d'esprits qui ne demandent pas mieux que de causer. Que ne les interroge-t-on comme autrefois ?

A défaut de phénomènes actuels, je vais me rabattre sur une histoire de jadis — car le spiritisme est vieux comme le monde.

Le héros (comme on disait alors) de mon histoire était un bourgeois parisien, un indigène de cette ville aujourd'hui si complétement transformée.

Ce bourgeois s'était enrichi dans je ne sais quel honnête commerce de la bourgeoisie. Il vivait paisiblement et grassement, — sans autre souci que de savoir quelle profession il ferait embrasser à son fils unique, dont l'éducation de collége allait être terminée.

Il alla consulter sur ce point, comme dans les comédies, un de ses amis, homme de science et de bon avis.

Celui-ci imagina de s'amuser de sa crédulité, et après avoir feint de réfléchir quelques instants, il lui conseilla d'interroger le « génie » de son fils.

Le bourgeois parisien ne manqua pas de se récrier sur la singularité de ce conseil. L'autre insista, et lui prouva que tous les éléments étaient habités par des esprits et que chaque homme avait un de ces esprits commis spécialement à sa garde.

— Ouais ! s'écria le bourgeois ; comment s'y prendre pour faire parler un esprit ?

Le voisin lui répondit :

— Enfermez-vous chez vous ce soir, entre dix et onze heures ; éteignez toutes les lumières, et heurtez trois fois contre le mur de votre chambre à coucher, en prononçant à haute voix ces paroles : *Génie de mon fils, parle-moi !* Vous recevrez une réponse aussitôt. Ayez soin de recommencer tous les soirs, jusqu'à ce que les mots que vous entendrez présentent un sens complet.

Étonné, le bourgeois promit de se conformer à ce programme.

En effet, à dix heures et demie précises, enfermé dans sa chambre et plongé dans les ténèbres, il frappait trois coups contre la muraille. Quelques minutes après, une voix, qui lui sembla extraordinaire, lui disait :

— *Il faut que tu...*

Voilà tout ce qu'il entendit la première fois.

Il attendit le lendemain soir avec impatience pour connaître la fin de l'oracle.

La même voix mystérieuse, après les formalités accomplies, articula lentement :

— *Il faut que tu fasses ton fils pa...*

Le père se rendit chez son ami pour lui faire part de ces deux réponses.

— Cela est plus obscur qu'un logogriphe, lui dit-il.

— J'en conviens, répliqua le voisin ; mais continuez toujours.

— C'est égal, le génie n'en donne pas beaucoup à la fois ! murmura notre bourgeois en s'en allant.

La troisième réponse qu'il reçut fut celle-ci :

— *Il faut que tu fasses ton fils pape...*

Pour le coup, les bras lui en tombèrent. Pape ! son fils pape ! Cela était-il croyable ? Cela était-il possible ?

Rempli de joie et d'orgueil, il dit à son voisin qu'il rencontra :

— Je vais chercher mon fils au collége et le conduire au séminaire.

— Pourquoi ?

Le bourgeois lui répéta les paroles de la veille.

— Attendez à ce soir, dit le voisin ; le sens de la phrase n'est peut-être pas achevé.

— Oh! si! si!

— Interrogez encore le génie ; vous le devez, ne serait-ce que par déférence.

— Croyez-vous? dit le bourgeois de Paris.

Il eut grand'peine à adopter cet avis ; mais, se flattant que le génie confirmerait son oracle, il consentit à une dernière évocation et, l'heure venue, il heurta assez gaillardement au mur.

Quel ne fut pas son désappointement lorsqu'il entendit cet arrêt :

— *Il faut que tu fasses ton fils papetier.*

On prétend qu'il fut tellement affecté dans son ambition et dans sa tendresse, qu'il en tomba dangereusement malade.

Peut-être même en serait-il mort, si le voisin ne s'était fait connaître comme l'auteur de cette innocente mystification, en lui révélant que le génie et lui ne faisaient qu'une seule personne, — et que les oracles lui avaient été transmis au moyen d'une sarbacane introduite dans un trou de la muraille.

Ce jour-là, le spiritisme perdit un de ses adeptes.

PETITS

JOURNAUX LITTÉRAIRES

Que j'en ai vu fonder de ces journaux littéraires ! Les beaux projets, les beaux rêves que j'ai vus se former dans de modestes chambres d'étudiants ! Je m'en souviens comme si c'était hier. On commençait par fumer quelques pipes ; — ensuite l'orateur s'asseyait sur le lit et prononçait un discours uniformément conçu en ces termes :

— Messieurs, il est évident que nous créons un journal sans exemple et sans précédent, un journal qui satisfait aux exigences de tous les esprits, et que l'on souhaitait, que l'on appelait depuis longtemps. Nous devons réussir et nous réussirons...

— Oui ! nous réussirons ! nous réussirons ! vociféraient les amis.

— Pour aujourd'hui, permettez-moi d'aborder la question matérielle.

Ici, l'orateur s'adressait plus particulièrement à un quidam soupçonné d'avoir en lui l'étoffe d'un bailleur — ou d'un entre-bailleur — de fonds.

— L'affaire, puisque ce mot anti poétique doit être articulé (*sourires dans l'assemblée*) est claire comme le jour. Il y a trente-six mille communes en France. Mettons nos espérances au plus bas. Ne demandons qu'un abonné par commune, un seul. C'est bien le diable si nous ne l'obtenons pas, hein?

— Nous l'obtiendrons! hurlaient les amis.

— Bon! cela nous fait trente-six mille abonnés.

— Mais oui. En effet. Trente-six mille. Il a raison.

L'orateur se tournait encore vers le bailleur supposé.

— A présent, quel sera le prix de notre abonnement? Soyons bon marché, puisque le temps est au bon marché. N'effarouchons personne. Trente francs par an, cela vous convient-il?

— Oui! oui!

— Va pour trente francs. Or, le journal nous coûtera à nous vingt francs. Tous mes calculs sont établis. C'est donc dix francs de bénéfice net sur chaque abonnement, c'est donc 360,000 francs que nous avons à encaisser chaque année? (*Sensation agréable dans l'assemblée.*)

Ce raisonnement très-séduisant au premier aspect, produisait parfois son effet sur le bailleur de fonds — un cadet de famille ordinairement, — qui mettait quelques milliers de francs dans l'entreprise, en échange desquels on lui abandonnait la gérance et le droit de signer la feuille — tout en bas.

Le rédacteur en chef se nommait lui-même et n'avait rien de plus pressé que de courir chez l'imprimeur et de lui commander un millier de lettres avec cet *en-tête* : « Cabinet du rédacteur en chef. »

Il nommait ensuite un secrétaire et quelquefois deux, qui, à leur tour, se faisaient faire des lettres avec cette formule : « Secrétariat de la rédaction. »

Parmi les collaborateurs, c'était à qui obtiendrait le compte rendu des théâtres. Les uns avaient des drames à faire jouer; les autres soupiraient pour des actrices.

Enfin, on se mettait à l'œuvre; un, deux, trois numéros paraissaient. Les fronts des rédacteurs disparaissaient dans les nuages. On demandait des loges tous les jours.

Seul le gérant — qui était aussi le caissier, — préoccupé d'une idée constante, attendait venir les 36,000 communes.

Au bout de trois mois, si elles n'étaient pas venues, il fermait boutique.

Est-ce que cela se passe toujours ainsi?

LE PÈRE-LACHAISE

Après une matinée passée aujourd'hui au cimetière du Père-Lachaise, je n'ai pas voulu le quitter sans y relever quelques inscriptions caractéristiques.

Le carnet à la main, je me suis promené au hasard, principalement dans les sentiers les moins fréquentés de la foule.

« *Mes amis, croyez que je dors!* »

C'est l'aimable chevalier de Boufflers, l'auteur enjoué d'*Aline de Golconde*, qui s'exprime ainsi du fond de son tombeau.

Pourquoi faut-il que cette inscription d'un goût si délicat soit gâtée par ces mots ajoutés :

« *L'honneur des chevaliers, la fleur des troubadours!* »

Un panier de pommes de terre figure au premier rang des attributs agricoles en relief qui décorent le monument de Parmentier.

C'était forcé.

Si l'on veut embrasser d'un coup d'œil l'existence d'un homme continuellement en place, qu'on lise les inscriptions gravees sur la tombe du comte Rœderer :

« *Pierre-Louis* RŒDERER, né à Metz le 15 février 1754, mort à Paris le 15 décembre 1835.

» Parlement de Metz; Assemblée constituante; Administration du département de Paris; Institut; Conseil d'État; Direction de l'instruction publique; Missions diplomatiques; Sénat; Ministère des finances du royaume de Naples; Secrétariat d'État du grand-duché de Berg; Pairie; Comte; Grand-officier de la Légion d'honneur; Grand-croix de l'ordre impérial de la Réunion; Grand dignitaire de l'ordre des Deux-Siciles; Économie politique, histoire, philosophie, morale. »

Une vie remplie jusqu'aux bords!

Un quatrain, sur la pierre de Regnault de Saint-Jean-d'Angély, rappelle sa mort subite et étrange :

> Français, de son dernier soupir
> Il a salué la patrie;
> Un même jour a vu finir
> Ses maux, son exil et sa vie.

En effet, Regnault avait été exilé par ordonnance du 24 juillet 1815; rappelé en 1819, il arrivait à Paris le 10 mars, à huit heures du soir... et à deux heures du matin, il était mort!

Je laisse de côté les épitaphes qui peuvent prêter au sourire, et elles ne sont que trop nombreuses, malheureusement. Je suis de ceux qui considèrent la mort comme une femme, et qui exigent d'elle toutes les pudeurs de la femme.

Un fait des plus extraordinaires est constaté dans cette inscription :

« Ici repose, près de sa fille, L.-P. Pique, 1845. Malgré son énergie et son apparente résignation, il n'a pu supporter le poids de sa douleur. Une année après la mort de sa fille adorée, *même jour, même heure*, il s'est éteint. »

Une multitude de morceaux de poésie environnent la tombe d'Élisa Mercœur, la jeune Muse nantaise.

A toutes ces élégies démodées, à tous ces soupirs de romance, je préfère ces quatre vers consacrés à la mémoire de la comtesse A. de Turenne, morte en 1822, à vingt et un ans :

> Objet d'éternelles louanges,
> Objet d'éternelles douleurs,
> Elle apparut comme les anges,
> Elle passa comme les fleurs.

Le distique suivant à un enfant de sept ans (Constant Pourchet) n'est pas moins touchant :

> Objet d'amour, de deuil, d'éternel souvenir,
> Tu devais ne pas naître ou bien ne pas mourir.

Dans un autre ordre d'idées, j'aime l'hommage de ces braves gens et de ces humbles de cœur :

« A madame Louis, née Duc, les doreurs sur bois et ses amis. *Son bonheur était de travailler et de faire travailler son prochain.* »

Quoique je me sois engagé à ne pas reproduire d'inscriptions ridicules ou plaisantes, je ne puis m'empêcher de citer celle-ci, qui d'ailleurs n'est qu'originale :

« Joseph Fleury, premier tambour de basque de France et artiste d'agilité, décédé le 11 septembre 1847, à l'âge de cinquante-trois ans. »

Premier tambour de basque de France! Où l'orgueil va-t-il se nicher, — et jusqu'où s'avise-t-il de résonner?...

Je ne veux pas finir sans mentionner les quelques mots incrustés sur la pierre de granit qui recouvre les cendres d'un de nos confrères, d'un écrivain, Théophile Thoré, critique d'art, honnête et grave esprit.

Voici ces mots renouvelés de Shakspeare :

« Ici est un homme. »

Pas galant le conseil municipal de Paris. Oh! mais pas galant du tout! Il a repoussé impitoyablement la demande d'un crédit pour la restauration du tombeau d'Héloïse et d'Abélard. Il prétend que ce tombeau peut encore très-bien *aller comme cela* pendant longtemps.

Tous les cœurs sensibles sont dans la désolation.

Hier, me faisant annoncer chez une vieille dame de la rue de Varennes, je la trouvai en proie à la plus violente douleur; ses yeux étaient rouges de larmes; les sanglots soulevaient sa poitrine. — Auprès d'elle était ouvert un volume de Colardeau, de l'Académie française, à cet endroit pathétique de la *Lettre d'Héloïse à Abailard* :

. . . . O jour, jour exécrable!
Jour affreux où l'acier, dans une main coupable,
Osa... Quoi! je n'ai point repoussé leurs efforts?
Malheureuse Héloïse! Ah! que faisais-je alors?
Mes bras, mon désespoir, les larmes d'une amante
Auraient... Rien ne fléchit leur rage frémissante...
Barbares, arrêtez! le sang coule... Ah! cruels!
Quoi! mes cris, quoi, mes pleurs paraissent criminels!
Quoi! je ne puis me plaindre en mon malheur funeste!
Nos plaisirs sont détruits... Ma rougeur dit le reste.

J'essayai vainement de consoler cette brave dame.

— Les monstres! s'écriait-elle à chaque instant.

Je croyais qu'elle parlait des bourreaux d'Abélard : c'étaient les membres du conseil municipal qu'elle apostrophait.

Après m'être convaincu de l'inutilité de mes soins, je la quittai pour me rendre chez mon noble ami le chevalier de Seignelay-sous-les-Châtaigniers, rue Gozlin.

Lui aussi était atteint d'un sombre désespoir.

Lui aussi avait les yeux fixés sur le volume de l'académicien Colardeau, mais c'était sur la *Réponse d'Abailard à Héloïse*. Il déclamait les vers suivants d'un accent à fendre l'âme :

Trop déplorable amante, ô ma chère Héloïse!
. . . .
Hélas! tu le sais trop : le ciel dans sa vengeance,
Le ciel ne m'a laissé qu'un reste d'existence.
Ménagements cruels autant que superflus!
J'existe, pour sentir que je n'existe plus!
O Mort! tu m'as frappé sans pouvoir me détruire;
L'homme est anéanti dans l'homme qui respire;
Et de l'humanité ce qui survit en moi
Fait rougir la nature et la glace d'effroi!

— Allons, mon noble ami, cessez de vous affliger, dis-je au chevalier de Seignelay-sous-les-Châtaigniers.

— Non! non! fit-il en se tordant les bras.

— Cependant il est un peu tard... historiquement parlant... et puisque le mal est irrémédiable...

— Les impies!

— Nous y voilà, pensai-je.

— Avoir refusé quelques pelletées de plâtre au tombeau de ces deux martyrs!

— Mais! objectai-je timidement, il paraît que ce tombeau n'est pas précisément le tombeau des deux martyrs.

— Qu'est-ce qui a dit cela?

— Un homme qui passe généralement pour s'y connaître... M. Viollet-Leduc.

— Raison de plus pour honorer ces deux grandes figures.

— Oh! oh! les trouvez-vous si grandes que cela? dis-je un peu agacé.

— La légende d'Héloïse et Abélard est une de nos légendes nationales, monsieur!!!

Du moment que le chevalier de Seignelay-sous-les-Châtaigniers le prenait sur le ton de Joseph Prud'homme, je n'avais plus qu'à m'incliner et à sortir.

C'est ce que je fis.

Eh bien! oui, oui, j'approuve le conseil municipal de Paris!

Tant pis pour l'académicien Colardeau! tant pis pour l'Anglais Pope! tant pis pour tous ceux qui ont traduit en prose ou en vers l'érotique correspondance d'Héloïse et Abélard!

Il y a trop longtemps qu'on cherche à nous attendrir avec cette obscène et confuse aventure, — avec ce précepteur libertin et cette religieuse de grande route!

Ça, une de nos légendes nationales?... Cachez, cachez bien vite!

Nous avons mieux, par bonheur.

GRASSOT

Ma pensée se reporte quelquefois sur ce pauvre bouffon, d'une nature si honnête et si douce, qu'il fut jugé digne sur ses derniers jours de diriger le *café de Minerve*, — et j'essaye maintenant de retrouver quelques traits de cette individualité falote.

Les races futures ne se feront peut-être pas une idée très-distincte de Grassot. La toile, la plaque daguerrienne, le biscuit, le marbre même pourront bien rendre quelques traits de cette tête effarée et sans cesse dodelinante, de ce nez toujours en quête d'aspirations, de cet œil plein de réticences, de cette bouche entr'ouverte comme un four de campagne. — Mais qui nous rappellera ce geste souverain, inattendu, rapide; ces bonds de jaguar, ces sursauts et ces tressauts, toute cette mimique qui n'avait de comparable que la mimique de Frédérick Lemaître? Qui nous fera entendre après lui ce petit clapement de langue dont il avait l'habitude d'accompagner les situations difficiles?

On se souvient encore de cette voix bizarre

qui était la voix de Grassot, au temps où Grassot parlait et chantait.

Les ventriloques les plus naïfs, les enrhumés les plus opiniâtres, les habitués des bals du Petit-Charonne et de la barrière de l'Oreillon n'auraient pas produit des effets d'une plus étrange sonorité. Tantôt c'était un bruissement, une plainte sourde et inquiète; d'autres fois, la note rauque, saisie par l'étranglement, — et tout à coup une clameur retentissante, à rappeler ces deux vers de M. Charles Baudelaire :

> Comme un rire coupé par un sang écumeux,
> Le chant du coq au loin déchirait l'air brumeux.

Vint un moment où Grassot n'eut plus de voix — mais du tout, — en admettant que jamais il en ait eu une. Il avait espéré dans l'Italie, mais l'Italie trompa son espérance.

Nice, où il séjourna pendant plusieurs mois, ne voulut pas lui rendre ce mirliton enchanté dont le souvenir traversera longtemps notre oreille.

C'est de cette époque que date le petit livre intitulé *Grassot en Italie, lettres familières et romanesques.*

Peu commun, aujourd'hui.

L'éditeur prévient, dans la préface, que c'est ce qu'on a écrit de mieux sur l'Italie depuis le président de Brosses (il dit mêmes *des* Brosses, dans son zèle).

Le fait est que personne ne s'était encore avisé de parler en ces termes de la terre classique des beaux-arts :

> A la santé de Doria
> Je vais prendre mon gloria.

Voici ce qu'il raconte de Venise et de ses habitants : « Le lendemain de mon arrivée, j'ai reçu la visite d'un patricien des plus distingués de Venise, le seigneur Barbarini. Ce galant homme m'apportait, avec ses civilités, une bourriche de truites pour me régaler. Les truites sont très-rares ici, et le peu qu'on en mange vient des ruisseaux du Tyrol. Le seigneur Barbarini m'a comblé de politesses, mais il me fait l'effet d'un vieux birbe, *vecchio birbo*, comme on dit en italien, et il m'a paru avoir la toquade de la tragédie. Il m'a demandé si elle faisait toujours fureur en France, et il m'a raconté que pendant un séjour qu'il a fait à Paris il s'était abonné à l'Odéon. Pour ne pas contrarier ce vieux *papa très-bien*, j'ai affecté de couper dans ses idées. Alors il m'a déclamé le récit de Théramène, puis, comme je voulais le reconduire jusqu'à la rue, il m'a dit que ce n'était pas la peine, et il a piqué une tête par la fenêtre. Rien de plus commun ici que de voir les visiteurs prendre ce chemin pour s'en aller. Ils trouvent cela plus commode que de descendre l'escalier. Voilà l'utilité des canaux. »

Grassot a sa bibliothèque spéciale.

Il y a un *Grassotiana*, — comme il y a un *Ménagiana*, un *Sévigniana*, un *Voltairiana*. Mais le *Grassotiana* (1856, Parmentier, libraire) les surpasse tous. C'est là qu'on trouve ce bon mot, digne d'un négociant. En parlant d'une pièce, on disait : Elle est toute d'intérêt. « C'est possible, ajouta Grassot, car il n'y a pas de fonds. »

Tout le reste est du même style. Un camarade lui présente ses deux enfants : « Oh! sapristi! fait Grassot, comme tes deux garçons se ressemblent; l'aîné surtout! »

Le chapitre des *grassologismes* occupe une large place; nous recommandons ces deux exemples : D'un homme qui a un œil plus petit que l'autre, Grassot dit : « Il boite d'un œil. »

Par contre-coup, d'un homme qui boite : « Il louche des jambes. »

L'ALBUM

DE LA

SOCIÉTÉ DES GENS DE LETTRES

Qu'est-il devenu?

J'ai pu feuilleter assez longuement autrefois ce magnifique album, un des plus curieux monuments de la France littéraire du XIX® siècle. En parcourant ces pages où se reflète le caractère complet d'une époque, on regrette que les âges précédents ne nous aient point légué de semblables archives. Quel bonheur ce serait pour nous de retrouver une scène autographe de Molière à côté d'une oraison de Bossuet, un conte de La Fontaine à côté d'un billet de Ninon, — le billet à la Châtre, par exemple!

L'autographe est la plus précieuse des reliques, surtout lorsqu'il se présente dans les conditions de l'Album de la Société des gens de lettres. Tous ceux, en effet, qui ont marqué leur passage sur ce vélin splendide n'ignoraient pas qu'ils posaient en vue de l'avenir. Ils ont écrit sciemment pour la postérité; à ce titre, ils ont cherché à donner d'eux-mêmes la personnification la plus exacte.

Il n'a pas fallu moins de quatre années pour remplir ce merveilleux album, dont la vente avait été destinée à augmenter les ressources de la caisse de secours des gens de lettres. On a essayé de lui faire passer le détroit. L'Album a figuré à l'exposition de Londres ; la reine a voulu le voir quatre fois, et quatre fois il a fait le trajet du Palais de Cristal au palais de Saint-James, où il a été examiné avec un grand intérêt et vanté avec un grand enthousiasme. On supposait généralement que Sa Majesté en ferait l'acquisition, mais après les quatre séances, elle a sans doute pensé que ce serait toujours la même chose, et elle a renvoyé l'Album, sans vouloir même *dire son prix*.

Ce fut alors que M. Millaud se décida à en faire l'acquisition.

L'Album de la Société des gens de lettres ouvre naturellement par une page du baron Taylor, — écriture sérieuse, aux caractères isolés, hauts et un peu tremblés comme ceux de Chateaubriand. Vient ensuite un beau fragment poétique d'Alfred de Vigny, *la Maison du berger*, larges strophes tracées par une main paisible et puissante. Béranger a donné le récit d'un pèlerin du temps de Louis XII, seul morceau resté d'un poëme en quatre chants, essai de sa jeunesse. Voilà assurément une rareté que ne vous vendra aucun livre ! Béranger écrit droit et barre les *t* avec une énergie incroyable. — Ces deux grandes pages sur la Rome du xe siècle sont de M. Mignet. Plus loin, c'est M. de Humboldt qui transcrit tout un passage du *Cosmos*. — M. de Lamartine a envoyé, à la date de décembre 1848, c'est-à-dire au milieu des plus solennelles agitations de la politique, une élégie inédite, *les Liserons*, d'un charme exquis, et rappelant tout à fait sa première manière. On connaît l'écriture de M. de Lamartine : elle est déliée et rapide, si rapide qu'elle oublie en chemin la ponctuation et même — dois-je le dire? — l'orthographe. Mais depuis Voltaire on sait que cela ne prouve rien. Dans cette seule petite pièce, M. de Lamartine écrit *fannée, rempant, lizeron;* combien de gens vont s'autoriser désormais d'un exemple aussi illustre!

Je ne sais pas si M. Janin professe la même insouciance vis-à-vis des règles et de l'usage : dans le très-long article dont a il doté l'Album de la Société des gens de lettres, il n'y a de lisible que son nom. A côté de lui, M. Méry fait un plaisant contraste, car sa *copie* pourrait servir de modèle dans les pensionnats. Tout près de là, M. Jules Sandeau parle d'amour, mais son ramage vaut mieux que son écriture.

L'autographe de M. E. Marco de Saint-Hilaire est un chef-d'œuvre de calligraphie et d'enluminure tout à la fois; les majuscules y sont ornées comme dans les missels et se détachent, celle-ci sur un aigle colorié, celle-là sur le piédestal de la colonne de la place Vendôme, l'autre sur le petit chapeau légendaire. Du reste, ledit autographe, en caractères gothiques, n'a rien de bien particulièrement littéraire; il est ainsi conçu : « Le sous-signé certifie que cette écriture est bien la sienne. »

Les pattes de mouche de M. Désiré Nisard font pendant aux caractères trotte-menu de M. Sainte-Beuve. — M. Elie Berthet a accompli ce tour de force de loger tout un feuilleton sur une feuille de papier.

Je me suis arrêté longtemps à contempler et à interroger l'autographe d'un homme, d'un poëte qui, doué d'un talent admirable et apprécié de tous, est constamment resté à l'écart, qui n'a eu ni ambition, ni jalousie, et auquel trois gouvernements n'ont rien trouvé à donner, pas même un morceau de ruban rouge. Je veux parler de M. Auguste Barbier. Qui croirait que l'écriture du chantre emporté de *la Curée* et de *Terpsichore* est une écriture calme, petite et soigneuse? Qui irait s'imaginer que l'auteur éloquent du *Pianto* emploie le grattoir et la sandaraque? Rien n'est plus vrai cependant, et cela confond toutes les théories que l'on essayerait de formuler sur les écritures comparées. Ce n'est pas, du reste, la première fois que nous voyons l'écriture d'un homme en complète désharmonie avec sa pensée. Cela peut s'expliquer par mille causes, par la construction des doigts, par la faiblesse de la vue, par des habitudes de jeunesse, si l'on a traversé des études de procureur ou des comptoirs commerciaux, ou bien encore par cette étrange loi d'hérédité qui fait que dans certaines familles l'écriture se transmet comme le visage, comme le caractère, comme les passions.

Ce sont précisément ces désaccords, ces antithèses apparentes qui, en dehors de toute autre valeur, donnent tant d'attrait aux autographes des personnes renommées. Cet attrait s'évanouira lorsque la calligraphie sera devenue, comme en Perse et en Chine, un art déterminé. Il est facile de concevoir que l'écriture est absolument en enfance; je dirai même plus : elle n'est qu'un moyen transitoire pour arriver à l'application individuelle de l'imprimerie. Avant cinquante ans, chaque individu possédera un appareil typographique, moyennant lequel l'émanation de la pensée aura un aspect uniforme chez trente millions de Français. — Ce jour-là, l'autographe n'existera plus.

Comme toute chose, l'écriture est, chez nous, soumise aux variations de la mode. Aussi n'a-t-on pas plus le droit de se moquer des écritures anciennes que des costumes anciens. Sans remonter très-haut, les délicates marquises du dernier siècle, les duchesses à vapeurs et à petits sentiments, avaient de grosses écritures de tabellion, bien faites pour dérouter aujourd'hui ces amateurs forcenés qui prétendent avec deux ou trois jambages reconstruire toute une physionomie. Quoi qu'il en soit, je préfère encore, pour ma part, les *bâtardes* et les *rondes* du vieux temps à la maigre et prétentieuse calligraphie importée de l'Angleterre.

Mystère! tel est le titre que M. le vicomte d'Arlincourt, fidèle à sa littérature, a inscrit en tête de stances élégiaques. Tournez la page, et vous lisez *les Deux Mulets*, fable, par M. Vatout. Ces huit vers, intitulés *Quarante ans* et nés sous une main convulsive, sont de M. Philarète Chasles. — Est-ce le hasard qui a placé M. Rolle côte à côte de M. Chambolle, et M. Saint-René Taillandier derrière M. Paul de Kock?

Maintenant, regardez passer le cortége des savants, des professeurs, des universitaires, — avec leurs noms qui riment entre eux : MM. Cousin, Magnin, Villemain, Patin et Saint-Marc Girardin. Ici la confusion devient extrême. Le chinois, l'esclavon, le tibétain, éclatent de toutes parts. M. J. J. Champollion-Figeac envoie un fragment copte et hiéroglyphique de la main de son frère, Champollion dit le Jeune. M. Leverrier discute sur les comètes, et l'on dirait vraiment qu'il écrit avec la queue de l'une d'elles, tant son écriture est flamboyante et désordonnée. M. Littré traduit de l'allemand ; M. Paulin Paris dessine avec le bout de son pinceau quelques signes cabalistiques qui sentent furieusement le roussi.

Au milieu de l'Album, on rencontre une lettre

précieuse par le nom de son auteur. Cette lettre, à la date du 5 décembre 1848, est signée : Louis-Napoléon Bonaparte. Elle est adressée au membre de la Société des gens de lettres chargé par le comité de lui faire la demande d'un autographe.

« Monsieur,

» Conformément à votre désir, je vous envoie la pensée suivante :

» L'état des sciences, des arts et des lettres révèle toujours le caractère d'une époque. Lorsqu'une société est travaillée dans un sens opposé au progrès, ces trois branches des connaissances humaines languissent au lieu d'avancer; mais lorsque la société est dans l'enfantement de grandes vérités, alors tout se développe pour aider cet enfantement, et l'éclat de la politique va de concert avec l'éclat des sciences et des lettres, qui sont l'âme du corps social.

» Lorsqu'une révolution est dans le vrai, elle produit de grands hommes et de grandes choses. Lorsqu'elle est dans le faux, elle ne produit que du bruit et des larmes.

» Recevez, Monsieur, l'assurance de mes sentiments distingués.

» Louis-Napoléon Bonaparte. »

L'écriture de Napoléon III offre la même physionomie que celle de Napoléon Ier, bien qu'elle soit cependant plus lisible : même impétuosité, mêmes lignes brisées, même négligence dans la ponctuation.

PROMENADE AUX TERNES

Delvau raffolait de ces flâneries sans but, de ces courses le nez au vent, qui prennent souvent des après-midi tout entières; il a mis dans ses *Barrières de Paris* autant de soin et de scrupule que Théophile Gautier dans *Italia* ou *Tra los montes*.

Notre confrère Coppée est de la même école; sa muse se contente de peu, d'un faubourg tout droit, même d'un coin de la banlieue :

J'adore la banlieue avec ses champs en friche
Et ses vieux murs lépreux, où quelque ancienne affiche
Me parle de quartiers dès longtemps démolis.
O vanité! Le nom du marchand que j'y lis
Doit orner un tombeau dans le Père-Lachaise.
Je m'attarde. Il n'est rien ici qui ne me plaise,
Même les pissenlits frissonnant dans un coin.
Et puis, pour regagner les maisons déjà loin,
Dont le couchant vermeil fait flamboyer les vitres,
Je prends un chemin noir semé d'écailles d'huîtres.

Pour aujourd'hui ce n'est pas la banlieue qui m'attire.

C'est ce joli faubourg qu'on appelle les Ternes.

Il commence en haut du faubourg du Roule et se continue jusqu'aux fortifications, dans l'espace compris entre Courcelles et la porte Maillot.

C'est sur cet ancien enclos qu'on a percé le boulevard Pereire, parallèle au chemin de fer de ceinture.

De ce côté des Ternes, il y a un assez grand nombre de maisons élégantes, dont la construction remonte au commencement de ce siècle ; petits hôtels mondains, transformés la plupart en pensionnats, avec de vastes jardins, de beaux ombrages, des parterres de fleurs.

Rue Bayen, on passe sous l'arceau d'une magnifique habitation, autrefois propriété religieuse.

Une maison bien connue des musiciens est celle qui fait le coin de la rue de Villiers et de la rue Demours ; elle s'adosse à de grands arbres et à de grandes pelouses. C'est la demeure d'un fabricant de violons renommés, M. Vuillaume.

Qu'est-ce que c'était que ce Demours, qui a donné son nom à la rue ? Un oculiste du roi Louis XVIII, une célébrité dans son genre.

Je n'en savais pas davantage sur lui, lorsque le hasard m'a livré un de ses autographes. C'est une consultation pour une cliente, la marquise de Contades.

Voyons la consultation de l'oculiste Demours ; elle intéressera peut-être :

« Madame la marquise voit voltiger en l'air des globules, des filaments, des points noirs, qui se précipitent vers le bas de l'œil lorsque cet organe est fixe, et qui remontent vers le haut lorsqu'elle l'élève avec promptitude, pour descendre ensuite de nouveau...

» Il y a aussi quelquefois comme de petites *grilles nageantes;* on voit peu toutes ces apparences dans une chambre médiocrement éclairée. Le soir, à la lumière, on est obligé, pour les voir, de les chercher avec attention sur un papier blanc et elles ne paraissent que comme de très-petites portions de fumée à peine sensibles.

» On les voit d'une manière, à la vérité imparfaite, dans la flamme d'une bougie, en tenant les yeux à moitié fermés.

» Si on se couche sur le dos, qu'on regarde le ciel en inclinant un peu la tête en arrière, au lieu d'aller du côté des pieds, leur mouvement se dirige du côté du front, qui est alors la partie basse.

» Enfin, on les aperçoit, quoique bien faiblement, en regardant le ciel, les yeux fermés, à un grand jour. »

Faut-il sourire ? Je ne sais.

Ces *grilles nageantes,* — les bonnes femmes les appellent tout simplement des *bluettes,* des *papillons.*

Je crains tellement d'être châtié de mon irrévérence, comme Molière, que je fais tous mes efforts pour garder mon sérieux. — Si les observations du vieux Demours étaient trouvées parfaitement raisonnables par les docteurs Camuset et Cusco, ces spécialistes d'aujourd'hui !

Passe pour ces observations, qui peuvent provenir d'une physiologie effrénée. Mais j'arrive au remède indiqué dans la consultation :

« Madame la marquise, pour arrêter les progrès de la maladie, prendra tous les matins, en quatre ou cinq verres, à jeun, la boisson suivante, composée de six gros de racine de patience, coupée en morceaux et jetée dans une pinte d'eau bouillante.

» De deux jours l'un, madame la marquise ajoutera au premier verre *le jus de cent cloportes qu'on aura exprimé à travers un linge fort, après les avoir pilés;* — et chaque septième jour, elle fera fondre, au lieu des cloportes, dans le premier verre ou dans les deux premiers, trois gros de terre folliée de tartre, etc., etc., etc. »

Boire le jus de cent cloportes!

Et qui donc reprochait à Lalande de manger des araignées?

GENDARMES

Par ce temps de *Femme à barbe* et de *Sapeur*, il n'est pas sans intérêt de rechercher quels furent les grands succès obtenus dans le genre populaire.

Je crois qu'aucun n'a égalé celui des *Gendarmes*, poëme en deux chants, par Odry, le célèbre bouffon.

J'ai sur ma table la troisième édition des *Gendarmes* publiée en 1826 et tirée à 56,000 exemplaires.

C'est un volume in-32, contenant d'abord le POEME, — lequel n'a que seize vers, pas davantage, — suivi de notes, remarques et commentaires, et précédé d'une épître à *monsieur* Odry par *monsieur* Arnal.

Peu de personnes connaissent « entièrement » les *Gendarmes*.

C'est ce qui me décide à les réimprimer dans ce livre, — avec les *commentaires*, que je considère comme un modèle d'enjouement.

LES

GENDARMES

POEME EN DEUX CHANTS

CHANT PREMIER

Y avait un' fois cinq, six gendarmes,
Qu'avaient des bons rhum's de cerveau;
Ils s'en va chez des épiciers,
Pour avoir de la bonn' réglisse;
L'épicier donn' des morceaux d'bois
Qu'étaient pas sucrèses du tout,
Puis il leur dit : Sucez-moi ça,
Vous m'en direz des bonn's nouvelles.

CHANT SECOND

Les bons gendarm' suce et resucent
Les morceaux d'bois qu'est pas sucré;
Ils s'en va chez les épiciers :
Epicier tu nous as trompés.
L'épicier prend les morceaux d'bois,
Il les fourr' dans la castonnade;
Les bons gendarm' n'a plus eu d'rhumes,
Il ont vécu en bonne intelligence.

Contenons notre admiration.

Voici le commentaire à présent.

...M. Odry est, selon moi, le poëte moderne qui rappelle à lui seul les colosses littéraires du beau siècle de Louis XIV. Sa manière est large, son génie impétueux s'est affranchi de toutes ces difficultés, de ces soins minutieux qui arrêtent l'essor de l'imagination et mettent l'esprit à la torture :

> Torrent impétueux, il roule dans ses flots
> Et les sables bourbeux et la perle brillante.

Mais je viens au fait, cher lecteur, et vais suivre, autant qu'il me sera possible, M. Odry dans ses sublimes pensées, lorsqu'il composa l'œuvre immortel *des Gendarmes!!!*

Voici son premier hémistiche :

> Y avait un' fois...

Tous les contes du bonhomme Perrault et de beaucoup d'autres moralistes commencent ainsi : *Il était une fois*, au lieu de *y avait un' fois;* mais qu'importe?... Cela vient toujours des deux verbes auxiliaires *avoir* et *être*. *Y avait un' fois!!!* Quelle adroite manière de débuter et d'entrer dans une narration!!!... Le père impose silence, la mère met le doigt sur la bouche, les enfants soutiennent leur menton avec leurs jolies petites mains; on n'ose plus respirer dès qu'on a entendu *y avait un' fois*

> . . . . Cinq, six gendarmes.

On reconnaît dans le vague de cette désignation le poëte historien, qui n'ose affirmer ce dont il n'est pas sûr : étaient-ils cinq? étaient-ils six? M. Odry ne peut le certifier, et l'on doit le remercier de n'avoir pas voulu induire le public en erreur sur ce point. Étaient-ce bien des gendarmes, demandera-t-on? On va reconnaître, dans l'examen du vers qui suit, l'identité des personnages :

> Qu'avaient des bons rhum's de cerveau...

Quel est en France le régiment le plus susceptible de s'enrhumer ? — Celui des gendarmes : ces messieurs font le service à pied et à cheval.

> . . . . . . bons rhume's de cerveau...

On chicanera peut-être M. Odry sur cet adjectif *bon*, mais je ferai observer, moi, qu'en fait de rhumes, celui de cerveau doit paraître le meilleur, car il est infiniment plus agréable d'éternuer que de tousser.

> Ils s'en va chez des épiciers.

Voilà le sublime de l'innovation. Beaucoup d'auteurs eussent sans doute écrit : *Ils s'en vont*. Belle merveille de suivre des routes battues!!! Il appartient au génie de s'écarter des froides limites que le goût impose aux esprits vulgaires; et M. Odry, ce Rubens de la littérature française, a su donner à ce privilége toute l'extension dont il était susceptible.

> Pour avoir de la bonn' réglisse.

L'auteur s'est parfaitement rappelé qu'il fut un temps où il y avait en France infiniment d'épiciers droguistes, qui se mêlaient même parfois de donner des ordonnances de médecine : les pauvres gens allaient les consulter de préférence, attendu qu'il leur en coûtait moins cher... c'est aussi ce que firent ces trop confiants gendarmes.

Ils s'en va

(collectivement parlant)

>chez des épiciers,
> Pour avoir de la bonn' réglisse...
> L'épicier donn' des morceaux d'bois
> Qu'étaient pas sucrèses du tout.

Il se trouve dans ces deux derniers vers une opposition du plus grand effet : les gendarmes veulent de la réglisse, ils la veulent bonne... Que leur donne-t-on? Des morceaux de bois. Quels morceaux de bois?... qu'étaient pas sucrèses du tout?... Ce *du tout* est là d'une grande force d'expression, et forme une antithèse admirable!...

> Puis il leur dit : Sucez-moi ça,
> Vous m'en direz des bonn's nouvelles.

Le caractère de ce fourbe d'épicier est tracé de main de maître; il conserve jusqu'à la fin, ainsi qu'on en pourra juger, toute l'impudence d'un charlatan... *Vous m'en direz des bonn's nouvelles.* Voilà le langage de la duplicité la plus absolue. Tu vas voir, épicier, les bonnes nouvelles que te préparent les gendarmes de M. Odry!... Et vous, cher lecteur, attention! s'il vous plaît : je passe au deuxième et dernier chant.

Les bons gendarm' suce et resucent...

Que le poëte a bien eu raison de donner l'épithète *bons* à ces honnêtes gendarmes!!! Ils ne veulent pas se plaindre avant d'être convaincus qu'on a trompé leur confiance! Non-seulement *ils suce!* mais encore ils *resucent!!!*

Les morceaux d'bois qu'est pas sucré!!!

Ceci est une redondance, mais elle est heureuse, il y a beaucoup d'adresse à rappeler au lecteur, dans cette seconde strophe, que les morceaux de bois n'avaient aucune saveur.

Ils s'en va chez les épiciers.

C'était le seul parti qu'il y eût à prendre; bien certainement l'épicier ou les épiciers ne seraient pas allés chez les gendarmes. M. Odry est conséquent dans ses moindres détails.

Épicier, tu nous as trompés!

L'auteur exprime en cet endroit combien une intime conviction donne de force et d'assurance! Les gendarmes sont furieux! ils tutoient les épiciers. *Épicier, tu nous a trompés,* voilà des nuances! voilà de l'observation!!! M. Odry va s'attacher ici à montrer dans leur grand jour toutes les ressources de la perversité humaine, et comme on peut se tirer de la plus mauvaise affaire avec de la présence d'esprit seulement.

> L'épicier prend les morceaux d'bois...

Attention, cher lecteur!

> Il les fourr' dans la castonnade.

Dans la première, la deuxième et la troisième édition des *Gendarmes*, M. Odry avait laissé subsister un vers qui a donné prise à ses détracteurs; il disait :

> Puis il s'les fourre dans son nez.

La castonnade vaut infiniment mieux; M. Odry, cédant aux conseils de l'amitié, a fait un sacrifice au bon goût, et n'a pas sujet de s'en repentir.

> Les bons gendarm' n'a plus eu d'rhumes,
> Il ont vécu en bonne intelligence.

Il est impossible de finir par un trait plus naturel, tant il est vrai que, lorsque le corps revient en état de santé, l'âme se dispose aux impressions les plus douces! Fasse le ciel, cher lecteur, qu'il vous préserve des rhumes de cerveau, et de leurs terribles conséquences!... Mais qu'en revanche il vous donne beaucoup d'auteurs tels que M. Odry; ses productions sont un baume qui, si elles ne guérissent pas les maladies du corps, guérissent au moins celles de l'esprit.

Ici finit ce consciencieux commentaire.

Les *Gendarmes* d'Odry prouvent une fois de plus qu'il n'y a rien de nouveau sous le soleil, — pas même *les Deux Gendarmes* de M. Gustave Nadaud.

LIBRAIRES

Qui est-ce qui écrira un livre sur l'histoire des libraires ?

Qui est-ce qui me renseignera sur Barbin et Sommaville, les célèbres libraires du xviie siècle ?

Cazin, dont les publications sont si coquettement illustrées par Eisen et Marillier, Cazin est plus connu, grâce à une excellente monographie de M. Brissart-Binet.

Mais c'est surtout le xixe siècle, notre siècle, qui pourra être surnommé à juste titre le siècle des libraires.

L'avant-garde y est représentée par les Bossange, les Ladvocat, les Gosselin, les Didot, les Lefèvre, les Renouard.

Bientôt surgit Eugène Renduel, le libraire par excellence du romantisme, qui rappelle à lui l'art de la vignette et la mode du frontispice. Il est suivi dans cette voie par Perrotin, Furne, Ernest Bourdin, dont les éditions demeureront toujours des chefs-d'œuvre de luxe et de goût.

A l'heure qu'il est, on ne compte plus les beaux livres et les fastueux libraires. Chaque jour voit naître une merveille, — ou tout au moins un bijou.

Qu'il est loin le temps où l'auteur des *Femmes savantes* pouvait railler en ces termes :

> Souviens-toi de ton livre et de son peu de bruit !
> — Et toi, de ton libraire à l'hôpital réduit !

Un libraire à l'hôpital ! Voilà de ces injustices du sort qui ne se rencontrent plus heureusement dans notre époque.

Interrogez les frères Garnier, qui déjeunent d'un oignon cru et se bâtissent des palais.

Allez dans la maison Hachette, ce ministère.

Interrogez Dentu, fils et petit-fils de Dentu.

Visitez Didier, fils de Didier.

Voyez Charpentier, fils de Charpentier.

Poussez jusque chez Plon, fils de Plon, — et demandez-leur à tous de vous dire où sont les libraires *à l'hôpital réduits*.

Ils se mettront à rire ; et, pour peu que vous ayez un manuscrit sous le bras, ils vous l'arracheront, et vous offriront en échange une liasse de billets de banque.

Tant les mœurs sont changées !

Il y a eu des libraires qui écrivaient.

Ceux-là n'ont pas toujours été les mieux inspirés.

Le libraire Werdet a écrit un volume de récriminations sur Balzac. Il raconte avec force soupirs les plantureux dîners que lui fit faire (et payer) l'illustre romancier au restaurant des Frères-Provençaux.

Le libraire Barba, premier du nom, a écrit un volume de *Souvenirs*, qui est bien un des ouvrages les plus étonnants que je sache. Voici un fragment qui donnera une idée du reste :

« J'étais au café du Théâtre-Français avec mon ami Offeld, qui y vient depuis cinquante ans, lorsque Pigault-Lebrun entra, m'apostropha en me disant :

» — Tu n'auras pas mon roman nouveau, car je l'ai vendu 3000 francs à un autre libraire.

» Je lui répondis :

» — Je te parie un bol de punch que je l'aie.

» Nous touchâmes dans la main, le pari eut lieu, et je lui dis :

» — C'est que je t'en donne 3000 francs.

» Il me répondit :

» — Mâtin, tu me connais bien ! Tu sais bien qu'il est à toi pour 1800 francs.

» — Et le bol de punch ? lui dis-je.

» — Je vais le payer.

» Et il le paya malgré moi. »

Le style du père Barba est trop réjouissant pour que je n'en donne pas un autre échantillon.

« En 1825, ma boutique ayant été fermée et mon brevet perdu, je rencontrais dans les bureaux de la police et des ministères un monsieur que j'avais connu à douze ou quatorze ans, élève d'Allan au cirque Franconi, rue Mont-Thabor. C'était mon ami le baron Taylor, *que mon âme appelle et appellera toujours Isidore...*

» Il était alors commissaire-royal près la Comédie-Française, et, par son canal, j'obtins une entrevue avec le bon et excellent M. de Corbière, ministre de l'intérieur. Le ministre me fit asseoir auprès de son feu, et là, de la manière la plus amicale, il me reprocha d'avoir vendu des ouvrages libres. Je lui répondis :

» — Monseigneur, si vous aviez mon âge, vous sauriez que la première édition de *Justine*, en deux volumes *in*-octavo avec figures, s'étalait sur les quais.

» — C'est vrai, répliqua-t-il, car je l'ai achetée à un étalage, quai des Théatins.

» Ma position avec lui n'était pas gaie ; j'avoue que j'ai pleuré, et lui aussi ; mais il n'était pas libre... »

Que dites-vous de ce ministre s'accusant d'avoir acheté *Justine* et mêlant ses larmes à celles du bon Barba ?

... Ne quittons pas encore les libraires, mais reprenons le ton sérieux.

Gozlan, Léon Gozlan, que j'ai beaucoup connu, beaucoup aimé, et qui m'honorait d'une sympathie que je compte parmi mes meilleurs titres littéraires, Gozlan avait des idées particulières sur les succès obtenus en librairie.

Un jour que j'étais arrivé chez lui en brandissant — avec une certaine satisfaction intime — un numéro de journal dans lequel j'avais écrit un article enthousiaste sur un de ses romans, *Aristide Froissart*, je fus surpris d'apercevoir dans sa physionomie, au lieu de l'expression de contentement à laquelle je m'attendais, quelque chose comme un nuage de chagrin.

A mesure qu'il parcourait mon article, son sourcil se fronçait de plus en plus.

Lorsqu'il eut fini, il me serra la main en soupirant.

— Merci, mon ami, me dit-il d'un ton mélancolique ; je vous remercie...

Et un second soupir s'exhala de la poitrine de Gozlan.

— Qu'avez-vous ? lui demandai-je étonné.

— Rien.

— N'êtes-vous pas satisfait de mon article ?

— Pourquoi n'en serais-je pas satisfait ? Vous avez cru m'être agréable.

— Me serais-je trompé ? dis-je vivement.

— Non, dans un sens... oui, dans l'autre.

Et Gozlan ajouta avec effort :

— Encore un de mes livres que vous allez tuer !

Je levai sur lui un regard tellement déconcerté qu'il ne put s'empêcher de sourire.

— Eh oui, mon cher ami, reprit-il ; vous me rendez, à votre insu, un très-mauvais service.

— Moi ?

— Vous-même.

— Avec cet article ?

— Avec cet article. Vous ne comprenez pas ?

— Pas du tout, je vous assure.

— C'est bien simple pourtant, dit-il ; vous allez attirer l'attention sur mon livre.

— Je l'espère bien !

— Il sera lu.

— Et relu.

— Il se vendra.

— Et beaucoup, comme il le mérite ! m'écriai-je de plus en plus ébahi.

— Eh bien ! voilà le mal, dit Léon Gozlan avec un ton d'accablement.

— Pourquoi ?

— Pourquoi ? Ah ! pourquoi !... parce que d'ici à longtemps vous allez m'empêcher de le revendre.

Là-dessus, Léon Gozlan voulut bien entrer dans quelques explications.

Il n'avait pas qu'un seul éditeur ; sa production étant relativement assez active, il allait de Michel Lévy à Dentu, de Dentu à Hetzel, de Hetzel à Sartorius.

Il vendait chaque roman pour deux ans, trois ans au plus, moyennant une somme payée comptant. Pendant ces deux ou trois ans, il n'avait plus rien à y voir ; — que le roman fît son chemin ou ne le fît pas, cela ne le regardait plus.

Il est certain que Gozlan aurait eu plus d'avantage à traiter autrement, — par exemple à prélever un droit par volume ou par édition; — mais Gozlan, dont la physionomie était celle d'un juif portugais, avait l'horreur plutôt que l'ignorance des affaires d'argent. Il aurait été gêné de demander ou d'attendre les comptes d'un libraire; pour rien au monde il n'aurait consenti à fourrer le nez dans des registres de commerce.

Voilà pourquoi, malgré la perte évidente qui en résultait, Léon Gozlan trouvait plus simple et plus commode de céder ses romans pour un temps déterminé et moyennant une somme *une fois payée*, — comme on dit entre paysans.

Dès lors, pas de discussions possibles.

Le délai expiré, Gozlan rentrait dans la propriété de son ouvrage, et désormais il pouvait, quand cela lui plaisait, aller le revendre à un autre éditeur.

Ordinairement il laissait s'écouler quelques années, selon le plus ou moins de retentissement qui s'était fait autour dudit ouvrage. Maintenant on comprend qu'il n'avait aucun intérêt à désirer des articles, — au contraire. Son contentement était sincère lorsqu'il pouvait dire au second libraire :

— Mon cher, le livre que je vous propose a passé tout à fait inaperçu. C'est comme une nouveauté que vous allez donner au public.

BERCY

J'aime les anciennes banlieues de Paris, leur bourdonnement de ruche pendant la semaine, leur vacarme de cabaret pendant le dimanche. C'est ainsi que, ces jours derniers, j'ai passé tout une matinée à Bercy. Il y avait bien sept ou huit ans que cela ne m'était arrivé.

Bercy! comme à ce nom si connu du peuple parisien, tout s'égaie, tout rit, tout s'éclaire, tout chante, tout verdoie! C'est une fête perpétuelle, ce Bercy... on n'y rencontre que des *essayeurs* de vins, c'est tout dire. Ils arrivent à peu près graves, vers neuf heures du matin; mais laissez-les accomplir quelques tours d'inspection dans les rangs des tonneaux étalés sur le quai; laissez-les porter à leurs lèvres — une trentaine de fois — la petite écuelle d'argent du dégustateur, et vous m'en direz des nouvelles!

Toutes les maisons sont des cabarets à Bercy, cabarets champêtres : *Aux Marronniers*, *Aux Poivriers*, *Aux Pruniers*, etc. Les fenêtres ouvertes laissent voir des figures enluminées; les portes laissent échapper de joyeuses clameurs.

Déjeuner à Bercy, c'est passer une demi-journée — pour ne pas dire une journée entière — dans le bleu, le grand bleu de l'oubli.

Bercy comprend trois groupes de population bien distincts :

Bercy proprement dit, la Rapée et la Grand'Pinte. On arrive à la Grand'Pinte par la barrière de Charenton.

« Vous voyez encore dans la rue de Charenton — raconte M. A. Sabatier, le meilleur historien de Bercy — au coin de la rue Grange-aux-Merciers, la maison d'un marchand de vin détaillant, qui porte pour enseigne une « grande pinte ». De là le nom donné au voisinage. La pinte, chacun le sait, était le litre de nos pères.

» Cette maison appartenait jadis à Cartouche, ce prototype du voleur assassin. Sur le derrière de la maison existe une petite cour qui a été témoin de bien des crimes, et dans cette cour un puits. Penchez-vous sur la margelle de ce puits, et vous y apercevrez intérieurement, à la distance d'un mètre, une ouverture — maintenant interceptée par une barre de fer scellée dans la pierre — qui pouvait alors livrer passage à un homme. Cette ouverture était l'entrée d'une voie souterraine se perdant dans les marais. C'est là que se réfugiait Cartouche quand la maréchaussée envahissait son repaire. Grâce à son puits, il dépista plusieurs fois les limiers de M. le lieutenant de police. »

Mon ami Auguste de Chatillon ignorait sans doute cette sombre origine lorsqu'il a donné le nom de la *Grand'Pinte* à l'excellente pièce de vers qui commence ainsi :

> A la *Grand'Pinte*, quand le vent
> Fait grincer l'enseigne en fer-blanc,
>   Alors qu'il gèle,
> Dans la cuisine on voit briller
> Toujours un tronc d'arbre au foyer,
>   Flamme éternelle !

La vaste plaine sur laquelle s'étend Bercy était couverte, au XVIII° siècle, de riches maisons de plaisance, de châteaux même, parmi lesquels on remarquait *le Grand-Bercy* et *le Petit-Bercy*.

La Rapée doit son nom à un commissaire des guerres sous Louis XV, M. Rapée ou de Rapée, qui y avait une luxueuse habitation. Mais ce qui a le plus contribué à la renommée de ce quartier, ce sont les fantaisies poissardes de Vadé et de Lécluse, entre autres *le Déjeuner de la Rapée ou Discours des halles et des ports*, qui eut un très-grand succès... dans le beau monde.

Il y a encore une autre légende à Bercy : elle se rattache à la maison du quai portant le n° 22. Cette maison était autrefois une petite gargote, ayant pour enseigne : *Au Soleil d'or*, et pour armoiries parlantes un lapin. Ce modeste cabaret était tenu par la femme d'un brave tonnelier du nom de Veuillot.

Les époux Veuillot avaient quatre enfants : Louis et Eugène, Annette et Victoire.

Les deux garçons allaient à l'école mutuelle. De là, l'aîné, Louis Veuillot, ne fit qu'un saut dans l'étude de Mᵉ Petit, huissier à la barrière de la Rapée. Il n'y resta pas longtemps ; au bout de quelques mois, on apprit sur le port qu'il avait accepté un emploi dans je ne sais quel journal de province.

L'enfant de Bercy, le fils des honnêtes marchands de vin, est devenu aujourd'hui l'homme de talent et le fougueux polémiste que l'on sait. Il s'est refait une instruction entière et solide, avec une énergie qu'on ne saurait trop louer. Cette énergie, il la dépense encore aujourd'hui dans de grands combats et dans de petites colères. C'est ce qui fait dire quelquefois à ceux de ses amis qui se rappellent son berceau :

« Quand mettra-t-il de l'eau dans son vin ? »

INAUGURATION

D'UN

BEC DE GAZ A PALAISEAU

C'est un de mes joyeux souvenirs.

Par ce temps de bruyants centenaires, de pompeuses érections de statues, de solennels congrès scientifiques, j'aime à me reporter vers la modeste cérémonie dont j'ai été un des témoins et un des acteurs.

Un matin, comme je m'habillais avec la lenteur d'un homme qui va se mettre au travail, je vis entrer dans ma chambre Paul Arène.

Il me dit :

— Tiens-toi prêt dimanche de bonne heure. Nous sommes invités à une inauguration.

— Oh! une inauguration! murmurai-je en hochant la tête, je commence à en avoir assez. J'ai inauguré, le mois dernier seulement, un tronçon de chemin de fer, une exposition de tableaux en province et un comice agricole... Tu accomplirais un acte de clémence en me dispensant d'une nouvelle inauguration.

— Celle-ci n'a rien de commun avec celles-là, dit Paul Arène d'un ton affirmatif, ni avec aucune des inaugurations connues ou prévues.

— Bah !

— Il s'agit d'inaugurer...

— Une passerelle ? fis-je en l'interrompant.

— Non.

— Un orphéon, alors ?

— Pas davantage.

— Un service d'aérostats, peut-être ?

— Tu n'y es pas. Notre ami Fabius ne nous dérangerait pas pour si peu.

— Ah ! il s'agit de notre ami Fabius ?

— Oui. Il vient de doter d'un bec de gaz la façade de sa maison de plaisance, à Palaiseau, et son intention est de signaler par des réjouissances publiques cet acte de magnificence dont le pays est appelé à bénéficier en partie.

— Tu parles comme un conseiller municipal.

— Je pourrais l'être, répondit Paul Arène avec sa gravité habituelle.

— Alors c'est un bec de gaz que Fabius veut inaugurer ?

— Sans doute.

— Rien qu'un ?

— Tu es bien exigeant !

— Et qui espère-t-il avoir à son inauguration ? demandai-je.

— Tout Paris, parbleu !

Cette noble assurance me décida. Si l'espoir

de mon ami Fabius ne fût pas complétement réalisé, c'est-à-dire si tout Paris ne se porta pas à l'inauguration de son bec de gaz, du moins il eut une trentaine d'amis qui...

Mais n'anticipons pas sur les événements.

L'avant-veille, j'avais été convoqué chez Fabius à une réunion préparatoire, où se trouvaient Paul Arène et Émile Benassit, et dans laquelle on devait jeter les bases du programme de la fête.

— D'abord, commença Fabius, dès le point du jour, des salves d'artillerie et des détonations d'artifice annonceront aux habitants de Palaiseau les réjouissances publiques.

— Des salves d'artillerie? dit Benassit étonné.

— J'ai un petit canon de jardin. — Ensuite, continua Fabius, les organisateurs de la fête, c'est-à-dire nous autres, s'en iront à la voiture attendre et recevoir les invités de Paris, les représentants de la presse, les délégués des cafés, les notabilités de l'art et de la littérature.

— Je vois cela d'ici, fit le peintre Benassit en indiquant un cortége avec deux ou trois coups de pouce.

— Ces invités seront immédiatement conduits à ma maison, élégamment pavoisée pour la circonstance. Là, le vin d'honneur leur sera offert par deux gracieuses actrices...

— Bah!

— Qui m'ont promis de vouloir bien faire les honneurs de chez moi.

— Ce Fabius! dit Arène en souriant; toujours galant! toujours tabac d'Espagne, jabot de dentelles... épée en verrouil...

— Après? demandai-je.

— Après, il sera procédé aux apprêts du déjeuner.

— Naturellement.

— Mais le bec de gaz? dis-je.

— Ah! oui! le bec de gaz? répéta Arène; tiens! nous n'y pensions plus!

— Mais si! répondit Fabius; le bec de gaz restera voilé jusqu'à l'instant de la cérémonie. Des cordes maintenues par des poteaux en interdiront l'approche aux curieux. A deux heures précises, après un roulement de tambour, le bec de gaz sera découvert et livré à l'admiration de la ville de Palaiseau.

— Alors, une immense clameur remplira les airs, dit Benassit en s'exaltant; les applaudissements de la foule retentiront; les chapeaux s'agiteront... Je vois cela d'ici.

— C'est à ce moment, reprit Fabius, que je m'avancerai au pied du bec de gaz et que je prononcerai mon discours.

— Ah! vous ferez un discours? dit Arène.

— Oui.

— Un long discours?

— Je ne sais pas au juste le nombre de centimètres, répondit Fabius d'un air vexé; mais je sais qu'un discours est nécessaire... quelques mots sur les progrès de la civilisation et de l'industrie... Au reste, j'ai mon discours sur moi et je vais, si vous le voulez, vous en donner communication.

Les fronts se rembrunirent.

— C'est inutile, dit Arène; nous préférons le plaisir de la surprise.

— A votre aise, répondit Fabius.

— Je demande à poser une question, dit Benassit.

— Posez.

— Lorsqu'on découvrira le bec de gaz, sera-t-il allumé ou éteint?

— Allumé! allumé! criâmes-nous.

Fabius se grattait le front et paraissait hésiter.

Tout à coup, d'une voix doucereuse :

— Si nous faisions bénir le bec de gaz par le clergé?

— C'est une idée, dis-je naïvement.

Arène avait bondi.

— Vous appelez cela une idée, vous autres? s'écria-t-il.

— Eh! eh! murmura Benassit; une bannière bleue s'enlevant en vigueur sur le ciel blanc... une haie de jeunes filles jetant des fleurs... des rideaux le long des rues... je vois cela d'ici.

— Puis, ce serait un moyen d'obtenir une sonnerie de cloches, objecta Fabius.

— Les cloches sont indispensables dans toute cérémonie qui se respecte.

— Du moment que votre fête tourne à la manifestation religieuse, je n'en suis plus, prononça brusquement Paul Arène; il fallait dire tout de suite que vous étiez de l'école des pèlerinages. Pourquoi ne pas me proposer de chanter un cantique en l'honneur de Marie Alacoque?

— Je croyais... balbutiai-je.

— La poésie de l'autel... dit Fabius.

— Mon cierge!!! hurla Paul Arène.

— N'en parlons plus, dis-je en soupirant; mais nous nous privons d'un prestige.

J'avais une revanche à prendre, je la pris.

— Au moins, dis-je, nous ne pouvons pas nous dispenser d'organiser une cavalcade historique.

On se regarda.

— Je n'y vois pas d'inconvénient, grommela Arène.

— Ni moi, ajouta Benassit.

— Une cavalcade? répéta Fabius, évidemment dépassé.

— C'est le complément obligé de toute inauguration, continuai-je.

— Une cavalcade avec des chars allégoriques, dit Benassit.

— Le char du Commerce.

— Le char de l'Agriculture.

— Le char du vaisseau de l'Etat... Des petits

mousses aux cordages... le vent de la prospérité publique enflant les voiles... Je vois cela d'ici.

— Le tout traîné par des bœufs...

— Dont on ferait dorer les cornes.

— Diable! dit Fabius; encore faudrait-il un sujet à cette cavalcade.

— Les annales de Palaiseau nous le fourniraient aisément, répliquai-je.

— Mais c'est que les annales de Palaiseau me sont absolument inconnues.

— Et à nous aussi... Cependant, Palaiseau doit avoir fourni son contingent d'hommes d'armes à la croisade, dit Benassit.

— Evidemment, appuyai-je.

Fabius parut ébranlé.

— Au fait, j'ai plusieurs panoplies dans mon cabinet dont on pourrait tirer parti. Au besoin, Chincholle figurerait le sire de Joinville.

— Moi, le vidame de Conflans, dit Benassit.

— Voilà un noyau de cavalcade.

— Deux noyaux!

— On aurait la fanfare de Limours, dit Fabius songeant.

— Parfait!

— Quelle cavalcade, mes enfants!... Je vois cela d'ici.

Fabius reprit la parole en ces termes :

— Il est inutile de vous dire que nous aurons le jeu de ciseaux pour les demoiselles, et le classique mât de cocagne...

— Pour les garçons.

— Le soir, les habitants seront engagés à illuminer leurs maisons; et un feu d'artifice, placé sous la surveillance directe d'Etienne Carjat, sera tiré devant la mairie.

— Bravo!

— Mon programme est-il adopté? dit Fabius.

— A l'unanimité! répondîmes-nous.

Ajoutons qu'il fut suivi et exécuté de point en point. La fête fut charmante et pleine d'entrain.

Je n'ai pas présents à la mémoire tous les épisodes qui la signalèrent. Je me rappelle seulement qu'au moment où Fabius, plein de foi et l'œil inspiré, prononçait son discours — ce discours où il pronostiquait les bienfaits que devait répandre son bec de gaz — une voix goguenarde s'éleva du milieu de la foule et lui dit :

— Tais ton bec!

AFFLICTION DU DICTIONNAIRE

I

C'était un vieux dictionnaire français qui se lamentait dans le cabinet d'un homme de lettres parisien.

— O perturbation! ô décadence! ô vertige! s'écriait-il; n'ai-je donc vécu tant d'éditions que pour mieux assister à l'abaissement du niveau intellectuel!

Hélas! voilà six ans que mon maître m'a acheté d'occasion. J'avais précédemment eu l'honneur de servir chez M. Théophile Gautier (de Tarbes), qui m'avait revendu après m'avoir tari jusqu'au dernier adjectif.

Mais je puis dire que je suis tombé de Charybde en Scylla, non pas seulement parce que mon nouveau maître fait, lui aussi, profession d'écrivain, mais parce que tout le monde, dans sa maison, s'arroge le droit d'interrogation et de familiarité avec moi. — Malgré ma sombre reliure et mon imposante épaisseur, j'ai perdu le prestige qui s'attachait aux dictionnaires de jadis, ces solennels descendants de M. de Vaugelas!

Je suis devenu un dictionnaire pour tout faire.

Je partage avec la pendule le vulgaire honneur d'être l'objet le plus utile de céans. Il ne se passe point d'heure que je ne sois consulté par celui-ci, par celle-là, par le premier venu, et sous le plus insignifiant prétexte.

Attendez seulement un peu, — et vous allez voir.

II

— Monsieur n'est pas encore levé; entrez dans la bibliothèque.

Et la porte a livré passage à un individu inquiet et humble, qui n'ose ni s'asseoir ni rester debout, qui tient son chapeau le plus bas possible, et qui inspecte du regard le mobilier. — *Ouais!* comme on dit dans les comédies anciennes.

Au bout de quinze minutes, après avoir toussé dans son mouchoir et s'être décidé à mettre un pied devant l'autre, cet individu m'aperçoit... Il me regarde longtemps d'un air hébété; enfin il ose porter sur moi une main incertaine; il s'enhardit, il me feuillette; et son doigt (spatulé avec des nœuds philosophiques) va se poser de lui-même sur le mot DETTES.

Un créancier... l'horreur!

III

La jeune fille s'est avancée sur la pointe du pied, la joue rosée, retenant son haleine, comme Psyché.

Il faut toujours comparer à Psyché les jeunes filles qui retiennent leur haleine.

Elle m'a entr'ouvert aux premières pages... Il n'est pas besoin de demander le mot que tu cherches, jolie enfant : AMOUR.

> Amour! fléau du monde, exécrable folie!
> Toi qu'un lien si frêle à la volupté lie,
> Quand par tant d'autres liens tu tiens à la douleur!

De ce mot-là, par malheur, je ne puis te donner qu'une explication bien insuffisante. Hélas! je ne suis qu'un vieux dictionnaire sec et froid, et ce n'est pas à moi qu'il faut t'adresser, ma petite; c'est aux poëtes émus, aux romanciers délicats, — si la race en existe encore.

Adresse-toi aussi... Mais non, je ne veux pas te donner de mauvais conseils.

Tu rencontreras trop tôt assez de gens qui en sauront plus long sur l'amour que tous les dictionnaires.

Et tiens! que disais-je?

Voici précisément ton cousin qui s'avance pour me consulter, lui aussi.

IV

Il est jeune comme toi, ô jeune fille! Il est charmant, il a la taille flexible du bouleau. Son cœur est sans doute, comme le tien, meublé d'illusions, — ô le céleste mobilier! — Il doit rêver de tout ce qu'on rêve à son âge, de poésie, d'azur, d'horizons sans fin, de prairies constellées de fleurs, d'entretiens émus, de main dans la main, de regard dans le regard, d'aveux balbutiés, de promesses éternelles, en un mot de tout ce qui est la féerie des vingt ans.

Eh bien! non, le cousin, malgré son nom éolien d'Oscar ou son nom fondant de Gontran, est absorbé par des préoccupations d'un ordre tout prosaïque.

Il cherche à travers mes feuillets le mot RE-PORT.

Il joue à la Bourse, l'indigne!

V

Je vous présente le beau-père.

Calvitie majestueuse, cravate d'une autre époque, l'œil à quinze pas.

Choisissez entre Talleyrand (prononcez *Taillerand*, comme Napoléon), M. Pet-de-Loup et Joseph Prudhomme.

C'est un homme qui voit loin en toutes choses,

mais qui n'est pas fâché cependant de s'appuyer sur moi.

Aujourd'hui, par exemple, le beau-père a lu *son journal*, mais il ne l'a pas compris d'un bout à l'autre. Quelques mots lui ont échappé, —des *mots d'auteur*, selon l'expression d'Henry Monnier.

Ainsi il veut savoir ce que signifie : INTRANSIGEANT.

Mon silence sur ce mot tout nouveau l'étonne.

Il m'interroge alors sur IDIOSYNCRASIE.

Et, après avoir lu ma définition :

— C'est singulier! murmure-t-il; j'aurais cru que cela voulait dire autre chose... quelque chose de désobligeant.

Puis, mettant la main dans son gilet, à la manière des hommes d'État :

— Il faut s'incliner devant la science.

VI

Au tour de la bonne, à présent.

Elle arrive en essuyant ses mains rouges et bleues à son tablier blanc (couleurs militaires) — ce qui est une attention dont je suis forcé de lui savoir gré; ensuite, elle m'empoigne, elle me manie (maniez beurre et persil!), elle me soulève, elle fait craquer tous les nerfs de mon dos.

La puissante organisation!

Pendant ce temps, je l'entends qui murmure : CIVET, et elle cherche avec impatience à la lettre S, puis à la lettre Z.

Elle m'a pris pour la *Cuisinière bourgeoise*. Pécore, va !

VII

Passe encore pour madame ; je comprends jusqu'à un certain point que je lui sois utile pour sa correspondance intime. On n'aime pas à laisser voir son orthographe en déshabillé, si ce n'est à sa blanchisseuse. Or madame écrit beaucoup, et comme elle écrit surtout *avec son cœur*, il va sans dire que je ne suis pas de trop.

Elle tient à la main un brouillon de lettre ; elle vient vérifier certains mots dont elle n'est pas sûre.

D'abord, le substantif PUDEUR.

Ensuite l'adjectif PLATONIQUE.

Et puis l'adverbe ÉTERNELLEMENT.

Quelle imprudence elle a commise l'autre jour en me laissant tout grand ouvert, avec une larme sur le mot FAUTE !

VIII

Voici enfin monsieur ! Il a l'air bon enfant, trop bon enfant même ; — la majesté se perd chez les hommes de lettres.

Il s'assied en fredonnant, et prend dans un tiroir un manuscrit commencé. Puis il me sourit et me flatte de l'œil. Mais je sais à quoi m'en tenir sur ces agaceries. Tout à l'heure il me repoussera avec dépit.

Quel drôle de littérateur!

Il fait des vaudevilles pour des théâtres de deuxième ordre, des vaudevilles où l'on boit du champagne et où l'on chante des rondeaux, avec accompagnement de couteaux et de fourchettes.

Il n'est occupé qu'à me demander des mots impossibles, — non pas des mots savants, — mais des substantifs de bal public, des verbes de café-concert, des épithètes de cabinet particulier; et comme, naturellement, il ne les trouve pas chez moi, — dictionnaire qui se respecte! — il prend motif de cela pour m'injurier dans les termes les plus monstrueux et les plus étranges :

— Ganache! crétin! gâteux! espèce de *vanné!* propre à rien! muselé!

Après quoi il ajoute, mécontent de lui-même:
— Si j'en *grillais une?*

Une quoi?

Et je suis aussitôt balayé d'un coup de poing.

Dix minutes après, mon maître et moi nous disparaissons complétement dans un nuage de tabac.

O perturbation! ô décadence! ô vertige!

Je suis un dictionnaire bien malheureux!

DE PARIS A PARIS

Je n'avais pas encore fait, jusqu'à présent, la traversée de Paris en bateau à vapeur. Vous comprenez, c'était trop simple. Un de mes amis a fini par m'y décider dernièrement; nous avons profité d'une éclaircie de soleil, et nous sommes allés nous embarquer au port de Bercy.

Au moment de mettre le pied sur le bateau, je me retournai vers mon compagnon de voyage :

— Emportons-nous des vivres? lui demandai-je.

Le temps était parfaitement beau (il soufflait une jolie brise), nous nous tînmes sur le pont.

Il y a dans *l'Éducation sentimentale*, de Gustave Flaubert, une description remarquablement complète d'un bateau à vapeur, celui qui allait autrefois — et qui va peut-être encore — de Paris à Melun. Rien n'y est oublié. Je ne la recommencerai pas, quelque envie que j'en aie.

Je me suis assis sur un banc pendant les apprêts du départ, examinant les physionomies des passagers; — je dois avouer qu'aucune n'expri mait l'inquiétude. Il n'y a pas eu de scènes d'adieux, ni de mouchoirs agités.

A cet endroit, le fleuve est très-large; il était sillonné de trains de bois que le pilote sut éviter avec beaucoup d'adresse. Peu à peu, le caractère du paysage, assez ordinaire jusque-là, se transforma, et nous vîmes apparaître au lointain quelques-uns des principaux édifices de Paris, et particulièrement à notre gauche le Panthéon, couronnant la colline de Sainte-Geneviève. L'effet en est très-beau à cette distance.

En quelques minutes, le bateau à vapeur atteignit aux bâtiments de la gare d'Orléans et presque aussitôt au pont d'Austerlitz. A partir de cette station, nous entrons résolûment dans la ville. Nous longeons le Jardin des plantes; — en prêtant bien l'oreille, peut-être entendrait-on les rugissements des lions

> Et les renâclements sourds des fauves onagres,

comme dit Villiers de l'Ile-Adam.

Le Jardin des plantes est — avec le bois de Boulogne — un des amours favoris du Parisien. En cela, je le comprends tout à fait. Le Jardin des plantes, si superbe qu'il soit, si correctement dessiné, si rempli de la noblesse de M. de Buffon, a cependant la majesté familière; il est demeuré, malgré tout et plus que tout autre, un jardin bon enfant. A qui le doit-il? A la plupart de ses animaux, et principalement à ses ours si populaires, à ses singes effrontés, à ses éléphants malicieux, à ses oiseaux piaillards, à tout ce personnel gai, original, sociable, de bonne humeur, et qui n'a pas eu de peine à devenir lui-même parisien.

Au quai de la Tournelle, le pittoresque commence à s'accuser d'une façon magistrale.

Le gigantesque et merveilleux chevet de Notre-Dame, étendant ses pinces à droite et à gauche, barre et remplit tout l'horizon. C'est un tableau sublime, qui vaut tous les points de vue célébrés par la peinture, — et dont l'aspect saisissant n'a cependant été bien rendu que dans une eau-forte, d'ailleurs très-haut cotée, de Méryon, ce graveur étrange, mort fou vers le milieu de ce siècle.

A droite, nous longeons le parapet de l'île Saint-Louis, bordée de plusieurs bateaux de blanchisseuses. — Inutile de dire que quelques brocards sont échangés entre les susdites blanchisseuses, armées de leurs battoirs traditionnels, et quelques-uns des passagers, armés de leurs langues parisiennes, combat égal où les tropes croisés dans l'air feraient tressaillir d'aise Vadé et Alfred Delvau. — Les hautes maisons de l'île Saint-Louis ont des côtés tranquilles qui font songer à la province aisée, la province assise au bord du Rhône ou de la Saône. De beaux vieillards en robe de chambre et en cheveux blancs se montrent à des balcons; on devine qu'ils avaient tout à l'heure entre les mains un volume d'Horace ou de Voltaire.

Voltaire! En quelques enjambées, le bateau à vapeur nous remet son souvenir sous les yeux en faisant se dresser la belle église de Saint-Gervais, si inconnue, celle-là, des Parisiens! — Quand la dégagera-t-on des masures qui l'obstruent et qui en masquent les curieux détails? — Voltaire, ce Parisien qui a habité successivement tous les quartiers de Paris, a vécu pendant quelque temps à l'ombre de Saint-Gervais, où je vous recommande d'aller voir un admirable Christ du sculpteur Préault.

Nous abordons au quai de la Grève, à côté des ruines de l'hôtel de ville. Au centre de Paris! Un centre où, malheureusement, on a trop décapité, roué, écartelé. Les historiens appellent cela les *étapes de la civilisation*. La Brinvilliers, Damiens, Favras! autant de souvenirs à faire détourner la tête. Aussi, je la détourne; — mais le bateau à vapeur, sans pitié, se dirige vers le palais de justice et vers la Conciergerie, où l'on se heurte à d'autres souvenirs non moins lugubres. Cette île de la Cité est la terre du drame par excellence.

Le passage sous le Pont-Neuf ne manque pas de grandeur; c'est encore un maître pont que celui-là! On ne peut se lasser d'en admirer les piles puissantes et les bizarres mascarons.

Changement de décor! L'atmosphère des palais

succédant à l'atmosphère des prisons! Les splendeurs visibles du Louvre faisant face aux splendeurs soupçonnées de la Monnaie! Des arbres égayant la dignité de la pierre! Des bains, maisons flottantes! Une écluse à côté d'un café-concert! Saint-Germain l'Auxerrois entrevu! — A ce point du voyage, Paris est magnifique, regardé de bas en haut.

On n'a pas établi de station devant l'Institut; c'est dommage. Il eût été amusant d'entendre ces mots : *Messieurs les passagers pour l'Institut!*

La station est plus loin, près du pont des Saints-Pères. J'aperçois au-dessus des parapets les têtes des bouquinistes — en bordure; — il y en a comme cela jusqu'au Pont-Royal. Machinalement, je fais un mouvement pour aller les rejoindre, mais une oscillation du bateau qui se remet en marche me rejette sur mon banc. Allons, je n'ai pas le pied marin!

Rien d'éblouissant comme le trajet du Pont-Royal au pont de la Concorde. A droite, la terrasse blanche des Tuileries et ses arbres élégamment alignés; à gauche le quai d'Orsay et ses villas délicieuses, somptueuses, fleuries. Au fond, l'amphithéâtre de Passy. Pour moi, c'est la note dominante de la traversée; je ne verrai rien de plus beau.

Après un temps d'arrêt au bas de la place de la Concorde, — masquée absolument par l'élévation des parapets, — nous nous remettons en route. Le cours la Reine a pris la suite de la terrasse des Tuileries. Cela commence à sentir la campagne; cela la sentira tout à fait lorsque nous aurons dépassé l'hôtel des Invalides, dont le casque doré étincelle au soleil, et le gigantesque palais du Trocadéro.

Une île étroite, *escarpée et sans bords* comme l'île inventée par Boileau, se rattache au pont de Grenelle. Ensuite, voici l'aqueduc triomphal du Point-du-Jour, que l'antiquité eût admiré, et que les hommes du temps présent se contentent de regarder d'un air distrait.

Là est le terme de notre voyage.

Un voyage, j'ai bien dit. C'en est un, en effet, le plus intéressant, le plus varié qui se puisse imaginer.

Il a en outre cet avantage d'être à la portée de tout le monde, — puisqu'il ne coûte que trois sous.

Et dire qu'il y a des Parisiens ayant fait le tour du monde, et qui ne se sont jamais avisés d'aller *de Paris à Paris*.

LES ACTEURS

HOMMES POLITIQUES

Les acteurs qui ont joué un rôle dans la politique sont plus nombreux qu'on ne croit.

Ils ne datent guère, par exemple, que de la fin du dernier siècle. On comprend qu'avant cette époque ils n'avaient pas grand'chose à faire dans ce sens, — le For-l'Evêque étant là pour réprimer leurs moindres écarts.

L'explosion de 1789 les émancipa. Au lendemain de la prise de la Bastille, un acteur directeur des Délassements-Comiques, Aristide Valcour (qui devait entrer plus tard à la Comédie Française), déchira la gaze derrière laquelle une ordonnance de police l'obligeait à jouer, et s'écria :

— Vive la liberté!

Ce fut le signal. Désormais les acteurs de tous les théâtres de Paris ne parurent plus en scène qu'avec la cocarde à l'oreille.

Bientôt les rôles de leur répertoire ne leur suffirent plus; ils en abordèrent de nouveaux. La garde nationale organisée, Larive et Brizard furent nommés chefs de bataillon. Naudet devint président de district.

Ils ne faisaient que leur devoir. Il faut les en louer hautement.

Malheureusement, ce zèle gagna les petits, les bouffons.

Un arlequin des Variétés-Amusantes, Bordier, après s'être essayé avec succès aux harangues politiques dans le jardin du Palais-Royal, eut la malencontreuse idée d'aller révolutionner la province.

C'était trop tôt; on le pendit à Rouen.

Il mourut bravement.

Cependant le grand drame marchait. Parmi les acteurs qui y prirent une part plus ou moins active, nommons Dugazon, le spirituel valet qui ne voulait pas de maître hors du théâtre, Dugazon, souple et hardi, toujours prêt à déchaîner ou à calmer, avec quelques paroles, les fureurs du parterre.

Dans les dernières années du XVIIIe siècle, Dugazon avait préludé par calotter quelques-uns des amants de sa femme, des grands seigneurs. Ce n'était pas l'usage alors. Bien qu'il ne vécût plus avec elle, il trouva bon d'aller la trouver, un soir qu'elle tisonnait avec un galant.

— Madame, lui dit-il, souhaitez le bonsoir à M. le comte; je reste ici aujourd'hui.

Plus tard, Dugazon fut, avec Talma, un de ceux qui prêtèrent des petits écus au lieutenant d'artillerie Bonaparte, et qui allaient avec lui, bras dessus bras dessous, au bal du Sauvage.

Il jouait avec sa carte de jacobin à la boutonnière.

Un jour, accueilli à son entrée en scène par un coup de sifflet, il jeta sa perruque à terre et prononça fièrement ces paroles :

— Est-ce à l'acteur ou au citoyen que s'adresse cette insulte?

Après le 9 thermidor, la réaction ne lui épargna pas les avanies. Il tint bravement tête à l'orage, et finit par avoir raison de ses ennemis.

Je citerai ensuite parmi les autres acteurs politiques :

Trial, un chanteur d'ariettes, qui devint l'ami de Robespierre, son compagnon de tous les jours, son garde du corps ;

Dorfeuille et Grammont, deux confidents de tragédie ;

Fusil, un comique qui ne faisait pas toujours rire.

Mais celui qui les domine tous par la place considérable qu'il occupa, c'est Collot d'Herbois. Auteur dramatique d'un vrai talent, orateur entraînant et pittoresque (les *mots* les plus caractéristiques de la Révolution ont été faits par lui), Collot d'Herbois n'a pas été suffisamment étudié, à mon sens. Rien n'est moins prouvé que sa lettre à Fouquier-Tinville, au sujet de l'incarcération en masse des artistes du Théâtre-Français.

Je sais de lui, en revanche, une apostrophe à ce même Fouquier-Tinville qui est de toute beauté :

— Vous avez démoralisé le supplice !

Les acteurs politiques de cette époque eurent des fins diverses.

On avait fait de Grammont un général ; quelques mois après, on en fit un homme sans tête.

D'autres durent rester pendant plus ou moins longtemps éloignés de la scène.

Collot d'Herbois fut déporté à Cayenne, où il mourut d'une fièvre inflammatoire, qu'il aggrava en buvant d'un seul trait une bouteille de vin de liqueur, dans une nuit de délire. Les nègres chargés de le transporter à l'habitation du chirurgien accomplirent cette mission avec une telle mauvaise grâce que l'ex-président de la Convention expira pendant le trajet.

Pressés de se rendre à la danse, les noirs l'enterrèrent à demi, et son cadavre fut déchiqueté par les corbeaux.

Collot d'Herbois avait quarante-trois ans.

Depuis cette époque, le zèle des comédiens pour la politique a paru se ralentir.

Bocage est presque le seul, de nos jours, qui ait tenu à honneur de continuer la tradition. Ses convictions respiraient l'honnêteté et la sincérité. Il était continuellement en proie à la fièvre patriotique.

— Je ne peux cependant pas lui donner la république ! s'écriait son directeur désespéré.

Sa haine des rois en général — et de Louis-Philippe en particulier — était proverbiale. Il fit remonter le *Pinto*, de Lemercier, tout exprès pour avoir le droit de pousser ce cri :

— A bas Philippe !

Une autre fois, dans *Don Juan de Marana*, Bocage trouve le moyen de scinder cette phrase : « Généreux comme le roi... d'Espagne ! » et d'y faire saisir par le public une application à Louis-Philippe.

Avec quelle joie, dans le drame d'*Ango*, il crachait l'insulte à la face de François 1er ! Comme il le souffletait du plat de son épée ! Comme, après l'avoir jeté par terre, évanoui de peur, il lui piétinait sur le corps ! — Bocage était vraiment heureux alors.

Mais on ne finirait pas à rapporter tous les traits à l'aide desquels il prétendait se faire accepter comme homme politique.

Il avait *figuré* dans les trois journées de juillet 1830; il *joua* plus sérieusement dans la révolution de février 1848. Il se montre à l'hôtel de ville, dans les clubs; il se multiplie.

A la journée du 15 mai, lors de l'envahissement de l'Assemblée, il apparaît à côté du pompier fantastique. Mais ce n'est que comme un éclair, et presque aussitôt Bocage rentre dans l'ombre... c'est-à-dire à l'Odéon.

De loin en loin, madame George Sand donna satisfaction à son vieil ami en lui faisant jouer un rôle selon ses instincts, tantôt le père Rémy dans *Claudie*, un moissonneur enthousiaste comme un tribun, — tantôt un *Molière* prophète, disant au prince de Condé :

« Prince, souvenez-vous de ce qu'écrivait sous la Fronde un libelliste d'une farouche éloquence. Cet homme était payé par vous pour ébranler le trône au profit des grands, et cependant de ses entrailles populaires s'échappait ce cri que vous n'avez pu retenir : — Les grands ne sont grands que parce que nous les portons sur nos épaules ; nous n'avons qu'à les secouer pour en joncher la terre ! »

A quoi le prince de Condé répondait sur le même ton :

« Voulez-vous dire que l'équilibre se fera par les gens du peuple? Je vous répondrai que si tous les monarques ne sont pas Louis XIV, tous les plébéiens ne sont pas Molière, et que nous ne prétendons pas soutenir une seconde fois le contre-poids de la démagogie. Non, morbleu! non... et nous avons à jamais brisé, sur les sceaux de la rébellion, la surprenante effigie de la République! »

Ah! comme ce mot de république sonnait délicieusement aux oreilles de Bocage!

Un autre acteur moderne en qui l'on a pu surprendre, — à l'état intermittent, — des velléités politiques, c'est Frédérick-Lemaître.

Lui seul aurait pu dire jusqu'à quel point il avait voulu représenter Louis-Philippe dans le général mexicain de *Vautrin.*

En 1848, quelques groupes du monde dramatique proposèrent Frédérick pour la députation. Ce projet n'eut pas de suite.

Comme Bocage, il aimait à s'échapper en petits speechs politiques. On se souvient de sa harangue aux siffleurs le soir de la première représentation de *Tragaldabas,* et du mot qui la termina : — Vive la république!

SAINT-ROCH

On a placé des statues sur les piédestaux de la façade de Saint-Roch, entre autres la statue du patron de l'église.

Le xviii siècle, un des siècles les plus irrévérencieux, a chansonné assez pauvrement saint Roch dans un *cantique* qui a été réédité à l'infini :

> Un pauvre, un jour, lui demandant l'aumône,
> Transi de froid, car il gelait alors,
> Soudain saint Roch se dépouille et lui donne
> Manteau, culotte, et veste, et juste au corps.
>   Puis, à l'église
>   Fut en chemise,
>   . . . .
>   . . . .
>
> Son cher papa, le voyant de la sorte,
> A coups de canne accueille ce cher fils.
> Saint Roch lui dit : « Le diable vous emporte !
> » Pour Dieu, j'ai fait présent de mes habits.
>   » — Ils sont, je gage,
>   » Peut-être en gage,
>   » Dit le papa ;
>   » Mais nous allons voir ça.

Les meilleurs vers et les plus connus sont ceux qui terminent le cantique :

> Exempt de blâme,
> Il rendit l'âme
> En bon chrétien,
> Dans les bras de son chien.

L'église de Saint-Roch est un édifice du xviie siècle; le style en est fort tranquille, avec des agréments particuliers qui trouvent grâce chez les hommes spéciaux.

Les autres — comme Victor Hugo dans un chapitre de *Notre-Dame de Paris* — s'en sont moqués impitoyablement. « Saint-Roch, dit l'illustre poëte, a un portail qui n'est comparable, pour la magnificence, qu'à Saint-Thomas d'Aquin; il a aussi un calvaire en ronde-bosse dans une cave et un soleil de bois doré. Ce sont là des choses tout à fait merveilleuses. »

Le clergé de Saint-Roch a eu, pendant un certain temps, la spécialité des refus de sépultures.

Il avait d'autant moins le droit de se montrer difficile que le tombeau du cardinal Dubois est un des principaux monuments qui frappent les yeux quand on entre dans l'église.

C'était surtout contre les gens de théâtre que le clergé de Saint-Roch s'armait de rigueur.

Un jour entre autres, au mois de septembre 1802, il refusa d'ouvrir ses portes au cercueil d'une pauvre petite danseuse de l'Opéra, la Chameroy, morte à vingt-trois ans.

L'irritation fut grande parmi la foule qui formait le convoi.

Le gouvernement se mêla de l'affaire, et l'article suivant parut au *Moniteur* :

« Le curé de Saint-Roch, dans un moment de déraison, a refusé de prier pour mademoiselle Chameroy et de l'admettre dans son église ; l'un de ses collègues, homme raisonnable, a reçu le convoi dans l'église de Saint-Thomas, où le service s'est fait. L'archevêque de Paris a ordonné trois mois de retraite au curé de Saint-Roch, afin qu'il puisse se souvenir que Jésus-Christ commande de prier même pour ses ennemis, et que, rappelé à ses devoirs par la méditation, il apprenne que toutes ces pratiques superstitieuses conférées par quelques rituels, et qui, nées dans des temps d'ignorance ou créées par des cerveaux échauffés, dégradaient la religion par leurs niaiseries, ont été proscrites par la loi du 8 germinal. »

BRIC-A-BRAC

C'en est fait, j'y renonce.

Je renonce aux joies innocentes du bric-à-brac; qu'on ne m'en parle plus!

Tout à l'heure, un marchand du quai Malaquais n'a-t-il pas eu le front de me demander quinze cents francs d'un affreux petit crapaud japonais, qui en vaut à peine deux cents!

Que dirait Sauvageot s'il revenait au monde, Sauvageot qui, obscur employé dans une administration publique, sans autres ressources que ses modiques appointements, était arrivé à former une galerie incomparable, un musée qui occupe aujourd'hui une place d'honneur au Louvre?

Ah! Sauvageot était venu *dans le bon moment*, comme on dit! Et ce bon moment ne se retrouvera plus!

Il était venu à l'époque où l'on faisait encore des trouvailles dans les arrière-boutiques des chaudronniers de la rue de Lappe, à l'heure où les plats du temps de Henri II valaient 10 fr., où l'éventail de la marquise de Pompadour gisait dans une hotte de vieux clous, où les enfants jouaient avec des ivoires précieux comme avec des osselets, où les admirables pendules de Boule ornaient les murs suintants des plus sinistres cabarets, où les bahuts gothiques et les buffets de la Renaissance se vendaient au-dessous du prix de l'acajou, où l'on pouvait acquérir au poids de la ferraille, des lanternes délicieusement ouvragées, des sonnettes exquises, des clefs épuisant toutes les complications de l'arabesque, des poignées d'épée merveilleusement inextricables, des armures à la mode de l'Arioste ; où les émaux, les bronzes, les cristaux, les saxes, les faïences, les vernis de Martin, les dentelles de Venise, les tapisseries à sujets étaient dédaignés, dépréciés, ridiculisés, enfouis à la cave ou relégués au grenier.

Un bon moment, en effet, pour l'amateur, le connaisseur, le chercheur, le fureteur, le dénicheur !

Aujourd'hui, *va-t'en voir s'ils viennent, Jean !*

COUR D'ASSISES

Après la situation d'accusé, il n'en est pas de plus difficile que celle de témoin de cour d'assises.

Tous les yeux sont fixés sur vous. Le président a l'air de vouloir vous manger.

Pas d'indifférents, comme au spectacle.

Tout le monde attend votre déposition avec anxiété; chacun est suspendu à vos lèvres.

Il se peut que vous n'ayez rien d'intéressant à révéler à la cour. Vous connaissez à peine l'accusé, vous l'avez rencontré deux fois, il vous a donné du feu pour allumer votre cigare. Voilà tout.

Vous vous disposez à *révéler ces faits* le plus simplement du monde, d'un ton de voix mesuré; vous ouvrez déjà la bouche...

— Prenez garde à ce que vous allez dire! s'écrie le président.

Le trouble vous saisit.

Vous regardez autour de vous; la salle commence à emprunter des oscillations de chaloupe à la mer.

C'est bien pis, si un avocat vient à proférer ces paroles :

— La déposition de ce témoin est de la dernière importance... Je prie MM. les jurés de vouloir bien lui prêter toute leur attention !

La dernière importance? Votre déposition ! Serait-il possible? Vous commencez à devenir hagard.

Vous balbutiez.

— Hein? dit le président en faisant de sa main un cornet à son oreille.

Vous vous embrouillez.

Un juré, placé sur les derniers bancs, interrompt avec une nuance d'impatience.

— Monsieur le président voudrait-il inviter le témoin à hausser un peu la voix? On n'entend absolument rien.

Vous recommencez.

Un autre avocat se lève :

— Ah çà! le témoin dit aujourd'hui tout le contraire de ce qu'il a raconté devant le juge d'instruction !

Vous pâlissez.

De sourds murmures parcourent l'auditoire.

On vous regarde de travers.

— Il est acheté..., dit-on à demi-voix; acheté...

Quelquefois on requiert votre arrestation.

Ne souhaitez jamais d'être témoin de cour d'assises !

LA VOITURE AUX CHÈVRES

On avait déjeuné chez Ledoyen.

On avait même très-bien déjeuné.

Vers trois heures de l'après-midi, on se répandit dans les Champs-Élysées.

Le jeune Gaston pouvait à peine se tenir aux bras de deux de ses amis. Il était devenu réellement un fardeau pour ces *chers bons*, qui pensaient sérieusement à le remiser — lorsqu'ils aperçurent la voiture aux chèvres.

Une idée triomphante se fit jour dans ces crânes pointus.

— C'est un monsieur très-riche et très-original, dirent-ils à la conductrice; vous voyez qu'il n'est pas gros, nous allons l'installer dans votre voiture... Cela lui fera du bien de rouler en plein air.

La femme s'étonna et fit quelques observations.

On lui répondit :

— L'heure des enfants n'est pas encore arrivée.

Pourquoi vous priveriez-vous d'un bénéfice certain?

— Au fait... murmura-t-elle.

Gaston dormait littéralement debout; il ne fut pas difficile, en raison de l'exiguité de sa taille, de l'asseoir dans la petite voiture.

Les promeneurs s'étonnaient de voir ce jeune homme endormi traîné par les jolies chèvres.

La vérité est qu'il ronflait de bon cœur, la cravate légèrement dérangée, les lèvres entr'ouvertes, souriant à quelque rêve embaumé et caressant, sans se douter de la curiosité dont il était l'objet.

Au bout de deux heures de va-et-vient, la conductrice, obsédée par les petits enfants survenus, se décida à réveiller son voyageur.

Qu'on juge de son étonnement!

Qu'on juge aussi de sa confusion en se voyant entouré d'un groupe de questionneurs.

Ce jour-là, Gaston eut pour vingt-quatre francs de voiture aux chèvres.

LE

BOULEVARD DU TEMPLE

Autrefois, le boulevard du Temple était un centre inouï de vie et de tapage.

Tout change, tout périt, tout se transforme!

Si l'on remonte à deux siècles seulement, on trouve des moulins à vent sur l'emplacement du Château-d'Eau; des fossés, des glacis et des contrescarpes à l'endroit où s'élève la caserne. Ce n'est que sous le règne de Louis XV que s'accomplit la formation du boulevard du Temple. Les salles de spectacle, les guinguettes, les cafés y poussèrent bientôt comme des champignons; la vogue s'en mêla; on abandonna le jardin des Tuileries, on déserta le Palais-Royal.

Tous les jeudis, particulièrement, deux longues files de voitures allant au pas sillonnaient le boulevard du Temple et offraient aux regards les plus jolies femmes, faisant assaut de toilettes et de coquetterie. Les petits-maîtres, en habit de taffetas rayé de toutes les couleurs, se promenaient à pied entre ces équipages. — Le bon ton était alors de tenir à la main des pantins et de s'amuser à les faire mouvoir; des gens de tous les âges et de tous les rangs s'occupaient à ce jeu.

On s'arrêtait du côté des théâtres, où les allées étaient couvertes de chaises; on prenait des rafraîchissements, — on écoutait la vielleuse.

Sous la Révolution, sous l'Empire, sous la Restauration, le boulevard du Temple continua à s'accroître. Il atteignit à son apogée pendant le gouvernement de Louis-Philippe. Je l'ai vu pour la première fois en 1846, et l'impression que j'en reçus est encore vivante comme alors. C'était du matin au soir une cohue, un bruit, un champ de foire, une kermesse.

Ils étaient six théâtres, à côté les uns des autres : le Cirque, la Gaîté, les Folies-Dramatiques, les Délassements-Comiques, les Funambules et le Petit-Lazari. Comme monuments, ils n'avaient aucune apparence; quelques-uns même étaient ridicules. Vers six heures, les *queues* s'organisaient, allongeant et contournant leurs anneaux sous le regard paternel d'un municipal.

En ce temps-là, on cite un billet charmant de Deburau à George Sand. L'illustre romancière avait envoyé demander des nouvelles du célèbre mime, tombé dans une trappe pendant une représentation des *Épreuves*. Voici en quels termes exquis lui répondit Deburau :

« Je ne sais, madame, comment vous exprimer ma reconnaissance. Ma plume est comme ma voix sur la scène, mais mon cœur est comme mon visage, et je vous prie d'en accepter l'expression sincère. »

Marivaux n'aurait pas dit mieux.

ACADÉMICIENS

Alexandre Dumas n'aimait pas l'Académie française, et il détestait cordialement les académiciens — en masse.

Il n'a jamais manqué une occasion de leur prouver son antipathie, soit dans ses *Mémoires*, soit même à la scène, comme dans son drame de *Monte-Cristo*, où, au milieu des situations les plus violentes et les plus pathétiques, il a trouvé place pour l'entretien suivant.

On est dans un salon du grand monde.

Le fils de la maison, Albert de Morcerf, désigne au comte de Monte-Cristo la plupart des célébrités du jour.

MONTE-CRISTO.

..... Et ce monsieur qui a eu la singulière idée de s'affubler d'un habit bleu brodé de vert, quel peut-il être?

ALBERT.

Oh! mon Dieu, le pauvre homme, ce n'est pas lui qui a eu l'idée de s'affubler de cet habit-là!... C'est la République qui a prié David de dessiner un costume pour les académiciens.

MONTE-CRISTO.

Ah! vraiment! ce monsieur est académicien! Laissez-moi voir, s'il vous plaît. Et quel est son mérite, sa spécialité?

ALBERT.

Sa spécialité? Je crois qu'il enfonce des épingles dans la tête des lapins, et qu'il repousse avec des baleines la moelle épinière des chiens.

MONTE-CRISTO.

Et il est de l'Académie des sciences pour cela?

ALBERT.

Non pas, de l'Académie française.

MONTE-CRISTO.

Mais qu'a donc à faire l'Académie française là dedans?

ALBERT.

Je vais vous dire, il paraît...

MONTE-CRISTO.

Que ses expériences ont fait faire un grand pas à la science, sans doute?

ALBERT.

Non; mais il écrit en fort beau style.

MONTE-CRISTO.

Ah! ah! voilà qui doit flatter énormément

l'amour-propre des lapins à qui il enfonce des épingles dans la tête, des chiens dont il repousse la moelle épinière...

Il se peut que le passage soit de M. Auguste Maquet, le collaborateur de Dumas dans *Monte-Cristo*.

Pourquoi M. Maquet n'aurait-il pas, lui aussi, des griefs contre l'Académie française?

GENS EN PLACE

On m'a affirmé l'authenticité du dialogue suivant entre un ministre et son secrétaire particulier.

Le ministre est soucieux, agacé, il marche à grands pas dans son cabinet.

LE MINISTRE, *brusquement.*

Vous étiez à la Chambre, monsieur?

LE SECRÉTAIRE.

Oui, monsieur le ministre.

LE MINISTRE.

Vous êtes resté tout le temps à la séance?

LE SECRÉTAIRE.

Tout le temps.

LE MINISTRE.

Alors, vous avez entendu mon discours?

LE SECRÉTAIRE.

Je n'en ai pas perdu une syllabe.

LE MINISTRE, *cessant de marcher.*

Eh bien! qu'est-ce que vous en pensez?

LE SECRÉTAIRE.

Monsieur le ministre n'a pas besoin de mes éloges.

LE MINISTRE.

De vos éloges, non, mais de votre opinion.

LE SECRÉTAIRE.

Elle est d'un bien faible poids.

LE MINISTRE.

Vous êtes trop modeste... Répondez, ou je croirai que vous éludez ma question.

LE SECRÉTAIRE.

Eh bien! monsieur le ministre, il me semble que vous n'avez jamais été mieux inspiré.

LE MINISTRE.

Ah! vous trouvez... J'ai ménagé les Gauches, n'est-ce pas? sans cependant me séparer absolument de la Droite. Je n'ai fait de concession à aucun parti... Je me suis tenu sur la défensive.

LE SECRÉTAIRE.

Sur la défensive, absolument.

LE MINISTRE.

La situation était difficile, convenez-en, monsieur.

LE SECRÉTAIRE.

J'en conviens, monsieur le ministre.

LE MINISTRE, *recommençant à marcher.*

Avez-vous entendu la réponse de mon adversaire?

LE SECRÉTAIRE.

De M. X...?

LE MINISTRE.

Oui. Eh bien?

LE SECRÉTAIRE.

Sa voix est bien faible... j'étais très-mal placé... il m'a paru qu'il n'avait obtenu aucun succès.

LE MINISTRE.

Vous vous trompez, on l'a fort applaudi.

LE SECRÉTAIRE.

Applaudissements de mauvais aloi.

LE MINISTRE.

Non... il a eu certains mouvements d'éloquence...

LE SECRÉTAIRE.

Qui ne peuvent pas se comparer aux vôtres, monsieur le ministre.

LE MINISTRE.

Je ne sais pas... Il a trouvé des objections qui ont paru tenir la Chambre en échec.

LE SECRÉTAIRE.

Pendant quelques instants seulement... Mais en remontant à la tribune, vous l'avez foudroyé.

LE MINISTRE.

L'ai-je bien foudroyé, en effet ?

LE SECRÉTAIRE.

Soyez-en certain, monsieur le ministre. Vous avez eu de ces mots qui réduisent un homme en poudre.

LE MINISTRE.

Ai-je été trop loin ?... Je le crains.

LE SECRÉTAIRE.

On ne va jamais trop loin avec ces gens-là.

LE MINISTRE, *cessant de marcher*.

Ces gens-là ? Il faut compter avec eux, cependant.

LE SECRÉTAIRE.

Certainement.

LE MINISTRE.

Vous le voyez bien, vous dites certainement. Ces gens-là sont à redouter, vous en convenez vous-même. Mon adversaire vous a impressionné, il vous est impossible de vous en défendre. Qu'est-ce qu'il a donc de plus que moi ? Des gestes, et après ? (*Il recommence à marcher.*) Mais la logique ? Je l'ai écrasé avec la logique.

Personne n'osera dire le contraire. Est-ce vous, monsieur? est-ce vous?

LE SECRÉTAIRE.

Non.,. non...

LE MINISTRE, *marchant à grands pas.*

Répondez! répondez!

LE SECRÉTAIRE.

Que voulez-vous que je vous réponde, monsieur le ministre? Je ne sais plus où j'en suis... *Vous ne pouvez pas tenir en place.*

Il paraît qu'à ce mot le ministre lança un regard terrible à son secrétaire et rentra comme une trombe dans ses appartements.

POLICE

Un des nombreux moyens employés par la police pour arriver à découvrir les coupables plus ou moins importants qui se cachent à Paris... c'est de leur laver la tête.

Voici comment les choses se passent ordinairement.

Un agent supérieur pénètre, avec deux acolytes, dans l'hôtel où se tient l'individu dont il veut s'assurer. Un revolver à la main, il s'avance et dit :

— Vous êtes Bateaupomme, le caissier infidèle... celui qui s'est enfui de Lille... Au nom de la loi, je vous arrête!

Naturellement, le quidam affirme qu'il n'est pas Bateaupomme, qu'il ne sait pas ce que c'est que Bateaupomme, qu'il n'arrive pas de Lille, mais de Perpignan, et qu'il n'a jamais été caissier de sa vie.

— Chanson! réplique l'agent; vous êtes admirablement grimé, j'en conviens, mais nous allons vous rendre votre identité.

Et se tournant vers ses compagnons :

— Lavez la tête à monsieur, leur dit-il.

Aussitôt ceux-ci de se précipiter sur *monsieur*, de l'empoigner par le cou et de le fixer sur une chaise. Un d'eux court à la cuvette, l'emplit d'eau et y verse une substance chimique. La tête de l'individu est saisie et frottée vigoureusement; on lui passe et repasse *la main dans les cheveux*.

Pendant ce temps-là, l'agent supérieur a tiré de sa poche une photographie.

— Frottez encore, dit-il imperturbablement.

En vain le patient se débat et continue ses protestations. L'agent semble ne pas l'écouter; les yeux attachés sur la photographie :

— Lavez toujours... lavez... il n'est pas assez ressemblant.

Et les officieux se remettent à la besogne jusqu'à ce que les cheveux aient tout à fait recouvré leur nuance primitive, noirs s'ils étaient blonds, blonds s'ils étaient noirs.

— Ah! s'écrie alors l'agent triomphant, osez soutenir encore que vous n'êtes pas Bateau-pomme!

Cela est très-bien si l'individu est en effet Bateaupomme, comme cela arrive presque toujours.

Mais supposez cependant qu'il ne soit pas Bateaupomme.

Le voilà, avec le secret de sa teinture dévoilé, livré aux risées de ceux qui l'entourent.

On ne s'imagine pas ce que ce nouveau moyen

de police a semé d'alarmes parmi les gens qui se teignent, — population infinie.

Ils sont dans une anxiété perpétuelle, ils ne vivent plus.

A chaque coup de sonnette qu'ils entendent retentir à leur porte, ils tressaillent et s'écrient d'un ton lamentable :

— Ah! mon Dieu! On vient me laver la tête!

VOYAGEURS PRINCIERS

Toutes les fois qu'une Altesse quelconque — régnante ou pas régnante du tout — entreprend un voyage incognito, son premier soin est d'en informer toutes les gazettes.

Son second soin est de faire tambouriner son itinéraire.

« S. A. (ici les noms de l'Altesse) visitera successivement Turin, la Ferté-sous-Jouarre, Toulon et Paimbœuf. Elle ne s'arrêtera qu'un jour à Paris. Son Altesse voyagera dans le plus strict incognito ; elle ne sera accompagnée que de son secrétaire et de son aide de camp.

» Ses appartements sont partout retenus sous le nom du comte de Formose. »

Ou du baron de Schnickberg ;

Ou du chevalier de Pastafrolle.

Il vous semble peut-être que lorsqu'on a un vif désir de voyager incognito, ce qu'il y a de mieux à faire, c'est de n'en instruire personne et de ne pas dire où l'on va.

Mais ce procédé, dont nous nous contenterions, vous et moi, est beaucoup trop simple pour les Altesses.

Grâce aux précautions merveilleuses que je viens d'indiquer, elles sont tout à fait sûres de leur affaire.

Elles ne peuvent pas faire un pas sans être reconnues.

Elles sont certaines de trouver, respectueusement rangé au bas de l'escalier, tout le personnel de l'hôtel où elles descendent.

Un de ceux qui ont le plus contribué à propager cette fantaisie, c'est Joseph II, empereur d'Allemagne, qui visita une grande partie de l'Europe, vers la fin du xviiie siècle, sous le nom de comte de Falkenstein.

Sous le nom de Falkenstein, il se fit recevoir dans nos académies, dans nos loges de francs-maçons, — et jusque dans la chambre à coucher de madame Du Barry. C'est sans doute une des causes qui l'ont fait appeler le *monarque philosophe*.

Sous le nom de Falkenstein, il acceptait volontiers une place dans un banquet, — et sablait, comme comte, un champagne qu'il eût repoussé comme empereur (?).

Un flatteur s'oubliait-il à lui donner du *Sire* en prose ou en vers, le comte de Falkenstein se fâchait tout rouge. Il ne voulait être traité de Marc-Aurèle que chez lui.

Je m'imagine que si le célèbre La Palisse avait voulu voyager incognito, il ne s'y serait pas pris autrement.

« M. de La Palisse descendra dimanche prochain à l'auberge de l'*Écu de France,* à six heures précises du soir. Afin de n'être pas reconnu, il aura à sa droite son beau-frère et à sa gauche son grand cousin. Il se fera appeler tout le temps *« mon ami Dupont »,* pour dérouter les curieux.

» Le même soir, M. de La Palisse se rendra à la comédie, où il occupera dans le plus grand mystère la loge n° 4. A son entrée, l'orchestre jouera en sourdine un noël composé exprès pour la circonstance.

» A l'issue du spectacle, M. de La Palisse fera deux ou trois tours de promenade sur la place, en compagnie de M. le maire et des principales autorités. La population de la ville est instamment priée de respecter son incognito. »

DEUILS

Nous ne savons plus porter avec convenance le deuil de nos parents.

J'ouvre aujourd'hui l'*Almanach des deuils pour* 1765 (il y avait un *Almanach des deuils* alors), et j'y vois comment on honorait les siens.

Pour un père ou une mère : le deuil est de six mois; pendant les trois premiers, les hommes portent l'habit de drap sans boutons, manchettes de baptiste à ourlet plat, bas de laine, souliers bronzés, épée et boucles noires, crêpe à l'épée.

Ensuite, pendant six semaines, l'habit de drap avec les boutons, bas de soie noire, souliers de peau de chèvre; — pendant six autres semaines, boucles et épée d'argent, ruban noir à l'épée.

Enfin, pendant les jours complémentaires, l'habit de soie, veste noir et blanc, bas blancs, nœud d'épée noir et blanc, talons rouges.

Pour les maris...

Ah! vous allez voir comme nous étions soignes!

Tout pour les maris (on avait bien raison).

Le deuil est d'*un an et six semaines*. A la bonne heure !

Pendant les six premiers mois, les veuves doivent porter le raz de Saint-Maur de laine, la robe à grande queue retroussée par une ganse attachée au jupon sur le côté, les plis de la robe arrêtés par-devant et par derrière, les deux devants joints par des agrafes ou des rubans ; point de compère ; les manches en pagode.

(Il y a des choses que je ne comprends pas bien, le *compère* par exemple ; qu'est-ce que ce pouvait bien être qu'un compère ?)

La coiffure de batiste à grands ourlets, les gants, les souliers, les boucles bronzés, le manchon sans garniture ou l'éventail de crêpe.

Les six autres mois, la soie noire, les manches et garnitures de crêpe blanc, et les pierres noires si l'on veut.

Maintenant, passons au deuil dans les appartements :

Les antichambres doivent être tendues de noir, la chambre à coucher et le cabinet de gris pendant un an ; les glaces cachées pendant six mois.

Cela valait presque la peine de mourir.

Je relève une indication un peu vive dans l'*Almanach des deuils* ; c'est celle-ci :

Le deuil d'un frère n'est ordinairement que de deux mois ; *mais si on en hérite*, il est de six mois.

CARTES DE VISITE

Il y a des personnes qui voudraient tout supprimer, et particulièrement les cartes de visite du jour de l'an.

Est-ce que cela vous gêne beaucoup ces petits cartons qui, après tout, ne se produisent en averses que tous les trois cents soixante-cinq jours ?

Moi, si cela ne m'amuse pas d'en envoyer, cela m'amuse d'en recevoir. Cela fait repasser sous mes yeux en une semaine, non pas précisément toutes mes amitiés, mais presque toutes mes relations.

Il y a des surprises, des réapparitions inattendues, des manifestations nouvelles. Telle carte de visite m'a rendu pensif et attendri pendant plusieurs minutes; telle autre m'a fait rire, telle autre encore m'a mis en colère...

J'aime à croire que la *physiologie de la carte de visite* a été faite depuis longtemps; ce doit être même un de ces articles que tout chroniqueur avisé a *sur la planche*. Le commencement en est infailliblement celui-ci :

« La carte de visite c'est l'homme! »

Et cela est vrai neuf fois sur dix.

Voici des cartes spirituelles et des cartes bêtes; en voici de coquettes et en voici de sévères; celle-ci trahit un savant et celle-là un gommeux; l'orgueil a tracé ces caractères gigantesques surmontés d'un blason; le caprice a nuancé de veines roses et azurées la pâte de cette porcelaine.

Ils sont nombreux les individus qui font suivre leurs noms de leurs titres et qualités. On a cité celui-ci : « X..., *ami de feu Grassot.* »

Un membre de l'Académie française, Mollevault, avait des cartes de visite à deux fins. Au recto, son nom et son adresse; — au verso, la liste complète de ses œuvres. Les œuvres de Mollevaut!

Hélas! cette précaution a été la précaution inutile, car il est impossible d'être plus mort littérairement que le pauvre Mollevault!

ROMANCIERS A LA MODE

Un jeune homme s'est présenté dernièrement dans les bureaux de *l'Événement*. Sa physionomie exprimait la douceur, — et cependant il avait plusieurs manuscrits sous le bras.

A cet aspect, Camille Étiévant, secrétaire de la rédaction, sentit un malaise indéfinissable ; il regarda autour de lui comme pour chercher main forte — et appeler, au besoin.

Mais la plupart des rédacteurs étaient absents à cette heure.

— Monsieur, dit le jeune homme avec une voix de cristal, je viens vous proposer des romans.

Un certain égarement se peignit dans le regard d'Étiévant qui eut cependant la force de murmurer :

— Vous voulez dire *un* roman.

— Non, monsieur, *des* romans.

— Puissance du ciel ! Dans quel temps vivons-nous ! s'écria l'infortuné secrétaire.

Et sa tête s'inclina douloureusement sur sa poitrine.

— Monsieur,... reprit au bout de quelques secondes, le jeune homme avec une voix de miel.

Un sourd gémissement lui répondit.

— Monsieur, veuillez m'écouter.

— Laissez-moi !

— J'ai cru bien faire en vous mettant à même de choisir.

— Choisir... quoi ?...

— Parmi mes romans.

— O mon Dieu ! proféra Étiévant en se tordant les bras.

— J'ai travaillé dans plusieurs genres, poursuivit l'implacable jeune homme avec une voix de harpe ; je suis parvenu à imiter la manière de trois ou quatre de nos romanciers à la mode.

— Trois ou quatre !

— C'est ainsi que je peux vous offrir un roman genre Flaubert, ou genre Cladel, ou genre Goncourt, ou genre Zola... Lequel préférez-vous ?

— Je n'ai pas de préférences... oh ! non ! soupira Camille Étiévant.

— Tenez, voici un échantillon du roman genre Cladel.

— Ayez pitié de moi...

— Cinq ou six lignes seulement.

Le jeune et mélodieux tortionnaire lut ce qui suit :

« ...Mon oncle Guy-Ome s'en revenait, un soir de la Chandeleur, avec le grand Uzénio-aux-bretelles-vertes, lorsque, en passant devant le porche de l'église des Dix-huit-glaives-dans-la-poitrine, ils furent accostés par Gaspart Trou-la-la, Louis-boite-d'un-œil, Lanternier-tu-t'en-ferais-mourir, Couic-couic, Dominique-ma-vieille-branche, Pif-paf-le-jeune, et Coucou-est-ce-toi. Mon oncle, toujours le cœur sur la main, proposa un verre de vespétro au cabaret de la mère Trempe-ton-pain-dans-la-soupe... »

— C'est très-bien, prononça Étiévant, vous pouvez en rester là.

— A présent, voici un échantillon du roman genre Émile Zola.

— Non... inutile...

— Cela se passe chez un charcutier; il s'agit des amours naissantes d'un jeune homme et d'une vieille femme : « ...Leurs mains se rencontrèrent pour la première fois dans un hachis. Un frémissement subit secoua leur corps; l'âcre odeur des jambonneaux leur monta à la tête et acheva de leur griser le cerveau... »

— Parfait! dit Étiévant; ce petit morceau me suffit. Laissez-moi vos deux romans.

— Vous n'en voulez pas trois?

— Non... Monsieur, j'ai bien l'honneur...

— Je vous céderais cependant le troisième à bon compte.

— Non.

Sur le seuil de la porte, le jeune homme se retourna et dit à Camille Étiévant :

— Vous ne voulez pas que je vous prenne mesure d'un roman genre Belot?

AU CAFÉ

Le Midi (qu'il lui soit pardonné!) nous avait envoyé dans ces derniers temps un grand garçon insupportable, qui avait établi ses assises dans un café du boulevard Montmartre.

Il avait apporté de son bourg escarpé les façons les plus bruyantes et les plus insolentes. C'étaient des provocations à tout bout de champ, des « *qui est-ce qui veut que je lui enlève le ballon?* » qui terrifiaient principalement la dame de comptoir.

Un soir, un joueur de dominos, impatienté, dit au garçon :

— Priez donc ce monsieur de se taire.

Le garçon s'acquitte de sa commission en tremblant.

Bondissant jusqu'au plafond, le Méridional jette au joueur cette provocation :

— Sortez donc un peu *voir*... que je vous fasse votre affaire, à vous!

Le joueur de dominos se fait répéter la phrase et, se levant tranquillement, dit :

— Je veux bien.

On va sur le trottoir.

Quelques habitués suivent.

L'insulté empoigne le matamore par la nuque et se met en devoir de lui administrer une trempe classique.

Après une quinzaine de coups de poing, celui-ci parvient à se dégager et il s'écrie d'un air effaré :

— On ne sépare donc pas *ici?*

L'ÉLYSÉE

Il fut un temps où le palais de l'Élysée était un séjour de délices.

C'était le temps où nos grands-pères y entraient pour vingt-quatre sous et venaient y manger des échaudés.

A cette époque c'est-à-dire sous le Directoire, — l'Élysée, exploité par des industriels, s'appelait de ce nom coquet : *le Hameau de Chantilly*.

Les jardins n'étaient alors ni moins vastes ni moins ombreux qu'aujourd'hui ; la spéculation y avait prodigué les kiosques, les chalets, les moulins, les grottes, les temples, les bosquets, — réduits galants où les Euphrosine et les Illyrine d'alors se donnaient rendez-vous pour prendre des glaces.

Le rond-point était devenu une salle de danse.

Dans l'intérieur de l'hôtel — qui avait tour à tour appartenu au comte d'Évreux, à la marquise de Pompadour, au financier Beaujon et à la duchesse de Bourbon, — on avait installé des billards et des tables de trente-et-quarante.

Les fêtes se succédaient sans relâche au *Hameau de Chantilly*. C'étaient des concerts, des pantomimes, des scènes d'escamotage, des feux d'artifice sur l'eau.

Tout Paris y accourait, attiré par les ifs lumineux et les transparents dont l'éclat remplissait la rue du Faubourg-Saint-Honoré. Le *Hameau de Chantilly* rivalisait de vogue avec *Idalie* et *Tivoli*, — qui étaient les noms nouveaux du jardin Marbeuf et du jardin Boutin.

Ah! le beau hameau que c'était, en vérité!

Il ne méritait pas de devenir un palais.

UNE

SOIRÉE CHEZ COURBET

Les journaux s'amusent quelquefois à reproduire d'anciens programmes excentriques de fêtes intimes, — fêtes chez Carjat, fêtes chez Nadar, fêtes chez Philoxène Boyer, etc.

On pourrait en citer bien d'autres encore. J'en connais des collections abondantes. Pour aujourd'hui, je ne veux que rappeler un de ces programmes, que je viens de retrouver dans la poudre de mes cartons. C'est celui d'une soirée chez Courbet, en son atelier, rue Haute-Feuille, 32.

Ce livret imprimé est orné d'un portrait de Polichinelle, dessiné par Amand Gautier. Quant à la rédaction, elle est l'œuvre du poëte Fernand Desnoyers. Je reproduis ici cette curieuse pièce, autant que possible dans sa disposition typographique.

Aujourd'hui samedi, 1ᵉʳ *octobre* 1859
GRANDE
FÊTE DU RÉALISME
Dernière soirée d'été.

(*Le peintre Courbet ne recevra pas cet hiver.*)

Première représentation de
Monsieur et madame Durand

comédie en cinq actes et en vers, refusée
au théâtre de l'Odéon,

lue par le poëte

FERNAND DESNOYERS

L'auteur des *Bourgeois de Molinchart*
CHAMPFLEURY

exécutera sur la contre-basse une Symphonie
de Haydn.

Les intermèdes seront exécutés par MM.
C. *Monselet, G. Staal, A. Gautier, Bonvin, A. Schann*

et une foule d'autres notabilités.

Mme Adèle Esquiros lira un poëme épique.

On boira de la bière Andler.

L'éditeur Pick de l'Isère, fondateur des *Almanachs parisiens*, de *Jean Guêtré* et de *Jean Raisin*, assistera à cette solennité.

Le piano sera tenu par quelqu'un.

GRANDES SURPRISES!
PHYSIQUE BLANCHE

Impr. S. Raçon, r. d'Erfurth, 1.
Cette affiche ne peut être apposée qu'à l'intérieur.

J'ai gardé un souvenir très-vivant de cette amusante soirée.

Des lampions avaient été allumés le long du superbe escalier de bois qui conduisait à l'atelier de Gustave Courbet.

Les invités étaient nombreux, tous recrutés dans la littérature et dans les arts, tous se connaissant; — aucune dissonance.

Beaucoup sont disparus, Baudelaire, Théodore Pelloquet, Charles Bataille, Guichardet, Asselineau, Théophile Silvestre, Alfred Delvau, Charles Barbara, Armand Barthet, Gustave Mathieu et tant d'autres!

Les survivants sont : Voillemot, Duranty, Thulié, Castagnary, Auguste de Chatillon, L'Herminier, Émile de la Bédollière, Henri de la Madelène, etc., etc.

Au milieu de son atelier, en manches de chemise et fumant sa bonne pipe de Tolède, le maître peintre d'Ornans, la figure épanouie, son gros rire de paysan sur les lèvres, faisait les honneurs de chez lui, distribuant force poignées de main.

C'était la période la plus heureuse de sa vie; il était jeune, laborieux, discuté à outrance; ses tableaux se vendaient. Il n'avait qu'à se laisser aller au courant des choses.

Le programme de la *Grande Fête du Réalisme* — cette kermesse en chambre — fut suivi et exécuté plus ou moins fidèlement. C'est ainsi que la Symphonie de Haydn annoncée fut remplacée par un quatuor de Mozart joué excellemment par Champfleury, Schann, Barbara et le comédien Frédéric Febvre, *l'Ami Fritz* d'aujourd'hui, — qui se révéla ce soir-là comme un violoniste remarquable.

Quant au morceau de résistance, la pièce en cinq actes et en vers de Fernand Desnoyers, *Monsieur et Madame Durand*, ce fut précisément la seule chose qui ne put être entendue. Plus de vingt fois le poëte déroula son manuscrit et, d'une voix solennelle, préluda par ces mots :

— *Monsieur et Madame Durand...* Personnages : M. Durand, Madame Durand... la Voisine...

Il ne put jamais aller plus loin. Les exclamations, les apostrophes, les éclats de rire, les imitations de cris d'animaux lui coupaient immédiatement la parole.

Fernand Desnoyers se désespérait, jurait que depuis Shakspeare on n'avait rien fait de tel, et menaçait de s'arracher les cheveux qu'il n'avait pas.

En dernier lieu, ses amis le huchèrent sur un bahut d'où il dominait l'assemblée. Il reprit alors espérance et, son manuscrit à la main, la voix de plus en plus emphatique :

— *Monsieur et Madame Durand...*

— Bravo !

— Personnages...

— Très-bien!

— Personnages : M. Durand...

— Mais c'est toujours la même chose!

— Taisez-vous donc... Continue, Desnoyers; c'est superbe! c'est splendide!

— Un ban pour Desnoyers!

— Messieurs, je vous en supplie, un peu d'attention! disait le poëte éperdu.

Et il reprenait, à travers les conversations particulières :

— M. Durand... Madame Durand...

— Tu l'as déjà dit.

— La Voisine...

— Ah! ah! il y a une voisine?

— Libertin! une jeune voisine, sans doute.

— L'âge de la voisine?

— Écoutez donc!

— Je déclare que l'œuvre de Fernand est une œuvre immorale! criait Tony Révillon.

— Un monument d'impudicité! ajoutait Du Boys.

— A bas Desnoyers!

— A la lanterne, Desnoyers!

— Nous ne sommes pas venus ici pour écouter des ouvrages dramatiques, grommelait Pelloquet.

— Assez! assez!

Pendant quelque temps encore on vit l'infortuné Desnoyers se débattre au milieu de la tempête, agitant les bras, adressant des regards suppliants à ses fidèles.

Vains efforts! Il fallut renoncer à l'audition de *Monsieur et Madame Durand.*

Cependant, Benassit et moi, nous avions remarqué un individu aux allures discrètes, même timides, et qui paraissait profondément étonné de ce qui se passait autour de lui.

Nul ne le connaissait, et il semblait ne connaître personne.

Nous en conclûmes que c'était un de ces délégués mystérieux que la préfecture de police envoyait quelquefois dans les réunions dépassant soixante ou quatre-vingts personnes.

Benassit et moi, nous résolûmes de nous amuser de cet individu. Nous nous concertâmes pour nous trouver à côté de lui à un moment donné.

Alors je prononçai à voix basse cette phrase d'Homodei dans *Angelo, tyran de Padoue* :

— L'homme qui dort est un chat qui guette... Œil fermé, oreille ouverte.

Il tressaillit.

De son côté, Benassit, posant la main sur son épaule, lui tenait ce langage :

— Vous ne vous appelez pas Rodolfo. Vous vous appelez Ezzelino da Romana. Vous êtes d'une ancienne famille qui a régné à Padoue, et qui en est bannie depuis deux cents ans. Vous errez de ville en ville sous un faux nom, vous hasardant quelquefois dans l'État de Venise...

On imagine l'effarement du pauvre diable. Il nous demanda ce que nous lui voulions.

Nous n'avions qu'un but : lui faire avouer qu'il était un mouchard.

Il se fit d'abord un peu prier; ce que voyant, nous procédâmes à la façon des recruteurs dans les opéras-comiques, — c'est-à-dire nous l'obligeâmes à boire à tire-larigot.

Ce moyen, aussi vieux que le monde, réussit toujours, même sans musique.

Lorsque nous lui eûmes versé chopes sur pintes, nous revînmes à la charge :

— Allons, lui dis-je, ne fais pas de manières, et avoue.

— Que j'avoue, quoi ?

— Que tu es LE MOUCHARD.

— Eh bien !... vous m'avez l'air de bons enfants.

— Parbleu !

— Promettez-moi de me garder le secret.

— Pourquoi faire ?

— Au fait, je m'en moque... mais c'est une précaution...

— Qui nous offense, honnête agent ! s'écria Benassit.

— Excusez-moi, messieurs.

— Encore un verre de bière, Fouché !

— Vous êtes bien bons.

— Et puis un autre, Vidocq !

— Oh! oh! Vidocq... c'était un homme bien remarquable.

— Tu l'as connu?

— J'ai son portrait chez moi.

Nous présentâmes le mouchard à toute la société. Il eut beaucoup de succès.

Néanmoins, comme on se lasse de tout, on finit par se lasser du mouchard — qui avait l'ivresse monotone, — et on l'engagea à aller se coucher. Je crois même qu'on l'y exhorta en le poussant un peu par les épaules.

Il se laissa faire plus docilement qu'on ne s'y serait attendu.

La fête continua jusqu'au jour.

BENASSIT

Le peintre Benassit est une de ces physionomies parisiennes qui attendent—leur peintre.

Mais le modèle est tellement original, tellement individuel, tellement personnel, que les peintres — hommes de pinceau ou hommes de plume — regardent à deux fois, et même à vingt fois avant de s'en emparer.

Il leur glisserait dans les mains — en les blessant.

Carjat s'y est hasardé une fois, et ses jolis vers octosyllabiques sont encore ce que nous avons de mieux sur le narquois Benassit.

Narquois, il l'est en effet, il l'est avec délices et avec succès. Ses mots sont célèbres. Il les sème tranquillement, les dents serrées, avec un accent demi-anglais, demi-bordelais, un bon petit sourire aux lèvres. Il attend pour les dire — ou plutôt pour les décocher — qu'il y ait quatre ou cinq auditeurs assez intelligents pour les retenir et les propager.

— Monsieur, après vous le *Journal amusant!* dit-il à un grave personnage, avocat ou avoué, qui vient de poser sa *serviette* sur la table d'un café.

Vous voyez d'ici la face furibonde du personnage.

Benassit est sans pitié.

Un de nos pauvres camarades, brisé, éteint, toussant, arrive dans un bureau de journal, se jette sur un fauteuil et nous dit :

— Ah! décidément, je le sens bien, je m'en vais de la poitrine.

— A quelle heure partez-vous? lui demande Benassit.

Benassit avait eu le tort d'admettre dans une demi-intimité un monsieur quelconque.

On lui apprit que ce monsieur avait eu des démêlés assez nombreux avec la justice.

— Oh! dit Benassit.

Et il n'hésita pas à fermer sa porte au quidam.

Mais celui-ci se regimba. Un jour, rencontrant Benassit sur le boulevard, il lui demanda assez vivement pourquoi il ne l'avait pas invité à une petite fête que lui Benassit, avait donnée récemment dans son atelier.

— Impossible, mon cher! lui répondit Benassit avec son flegme accoutumé; *c'était un sergent de ville qui tenait le piano.*

Benassit — dans les loisirs que lui laissent les aquarelles charmantes dont il est trop avare — s'essaye à la littérature et même à la poésie. Il s'est pris corps à corps avec La Fontaine, dont il a refait la plupart des fables. C'est à ne plus s'y reconnaître : la Cigale y mange la Fourmi, l'Agneau y dévore le Loup, le Bœuf s'efforce à devenir aussi petit que la Grenouille, le Renard emprunte une échelle pour déguster les raisins trop verts, les Animaux malades de la peste se rendent chez le docteur Piogey, le Renard et le Corbeau s'entendent pour faire un macaroni de leur fromage, l'Ours et l'Amateur de jardins achètent des terrains à Passy, la Chatte métamorphosée en femme s'en va demander un engagement aux Variétés, le Lièvre prie Brébant de lui accommoder la Tortue en potage, le Coq et la Perle vendent des manuscrits à Hachette, l'Ane portant des reliques devient chef de division dans un ministère, le Geai fait des dettes chez le tailleur du Paon, la Montagne en mal d'enfant est condamnée pour infanticide, le Charretier embourbé est traduit devant la Société de protection envers les animaux, le Serpent conduit la Lime chez le dentiste en réclamant des dommages-intérêts, le Rat de ville et le Rat des champs se font fourrer au corps de garde pour tapage nocturne, le Lion amoureux gante soixante et demi...

Et il faut voir comme Benassit est heureux — froidement heureux — de toutes ces inventions-là!

VICTOIRE DU PEUPLE

Le 10 août 1792, pendant la prise des Tuileries par le peuple de Paris, au milieu de la place du Carrousel, une femme, descendue des faubourgs avec le peuple armé, fut prise des douleurs de l'enfantement. Elle accoucha sur le pavé dans la nuée sanglante du canon, dans le bruit des balles, sous les crachats de la mitraille.

Son enfant fut porté en triomphe à la Commune de Paris, qui lui donna solennellement le nom de *Victoire-du-Peuple*.

Qu'est devenu *Victoire-du-Peuple* ?

C'est ce que je me suis souvent demandé.

Quelquefois je me surprends à lui faire une biographie, à arranger sa vie en drame ou en roman. *Victoire-du-Peuple* devient une figure à mon gré, — figure énergique, mais nerveuse. Énergique par sa mère, la vaillante femme; nerveuse en raison des circonstances extraordinaires de sa venue au monde. Il ne peut réprimer des mouvements, des tressaillements involontaires, comme s'il était encore secoué par le canon. On sent en lui un enfant exceptionnel, destiné à des aventures exceptionnelles.

Je le vois soldat de l'empire, — mais de l'empire à son déclin, de l'empire en lutte avec l'Europe entière, de l'empire traînant la France à la mort sur ces derniers champs de bataille qui s'appellent Leipsick, Montereau, Waterloo. *Victoire-du-Peuple* a vingt ans à peine; il fait partie de ces conscrits héroïques qui égalent les grognards héroïques. Il se bat. L'enfant du pavé rouge ne pouvait échapper à sa destinée. Il se bat pour qui? Pour la France, rien que pour la France. Il est demeuré l'homme de son nom, comme d'autres enfants de 1792, républicains ainsi que lui.

Il se bat comme se battent les Parisiens, en enragé; il s'en fourre jusque-là. Si bien que Napoléon, un jour, en Champagne, apercevant ce jeune homme le front ceint d'un mouchoir ensanglanté, le sabre au poing et l'âme de la patrie dans les yeux, lui a crié du haut de son cheval :

— Comment t'appelles-tu?

— *Victoire-du-Peuple!*

Napoléon a froncé le sourcil et a passé.

N'importe. Cela n'a pas empêché l'admirable soldat *Victoire-du-Peuple* de continuer à faire son devoir, et certes il n'a pas dépendu de lui que le sol français fût délivré. Lieutenant, ou capitaine peut-être, il était aux côtés de Cambronne. Il a collaboré — de cœur du moins — au fameux substantif.

On l'a ramassé à demi mort.

La Restauration a tenté de le panser. Mais, dans le drame dont je dispose les épisodes à ma fantaisie, je ne veux pas que *Victoire-du-Peuple* ait accepté les offres de la Restauration; je veux que, dépouillant sa capote trouée de balles, il ait repris le chemin de l'atelier, son berceau.

En 1830, je revois *Victoire-du-Peuple*, mûri, grave. L'enfant du 10 août est devenu l'homme du 29 juillet. Je le revois à sa place naturelle, sur la barricade, le fusil en main, les traits noirs de poudre, tel qu'il a été peint par Eugène Delacroix, tel qu'il a été chanté par Auguste Barbier. Comme autrefois en Champagne, il est aperçu par le souverain d'alors, Louis-Philippe, qui lui demande à son tour :

— Comment t'appelles-tu?

— *Victoire-du-Peuple!*

— Voilà mon affaire! s'écrie le roi-citoyen; viens avec moi, tu seras premier ministre!

Et, dans mon roman, *Victoire-du-Peuple* a cru à la parole royale. Le malheur de *Victoire-du-Peuple* est de croire à tout. Il est naïf, quoique terrible.

Au bout de quelque temps, il était revenu de bien des illusions. Un coup de baïonnette reçu dans la rue Transnonain et un séjour dans les cachots du Mont-Saint-Michel avaient suffi pour lui apprendre ce que valent les promesses des rois. Il **s'évada, car** *Victoire-du-Peuple* s'évade toujours. Quand il ne s'évade pas, il démolit la prison. Mais la prison de Saint-Michel-au-péril-de-la-mer est œuvre d'art; il n'a pas voulu la traiter comme la Bastille.

Il s'est tenu calme, attendant l'heure de la revanche. Il l'a attendue dix-huit ans. Cette fois — réminiscence du 10 août 1792, — il est entré dans le palais des Tuileries. Mais cela ne lui a pas servi à grand'chose. Il a brûlé un trône, qu'on a reconstruit quelque temps après, plus vaste, plus haut, plus riche, plus commode, plus insolent de pourpre que jamais. *Victoire-du-Peuple* avait cru pourtant toucher au but de son rêve perpétuel : la République. Rien ne déracine l'espérance en lui. On l'a laissé s'enivrer de son rêve pendant plusieurs mois; puis, un matin, comme il persistait à rêver éveillé, un commissaire de police s'est présenté chez lui et lui a demandé :

— Comment vous appelez-vous ?
— *Victoire-du-Peuple!*
— A Cayenne! a dit le commissaire de police.

Ici, mon drame s'assombrit, car on approche du dernier acte, et les événements les plus imprévus et les plus menaçants se succèdent au pas de course.

Dix-huit ans se sont écoulés. Ce chiffre de dix-huit est décidément fatal en histoire. *Victoire-*

du-Peuple est revenu de l'exil pour assister à l'écroulement de l'empire. Mais ce n'est plus qu'un vieillard ; sa barbe a blanchi, ses épaules se sont voûtées, son pas va devenir chancelant. Cependant un reste de vigueur prodigieux anime encore ce corps usé ; ses yeux n'ont pas cessé de lancer des éclairs, — et son bras amaigri se tend avec plus d'énergie que jamais contre les ennemis de la République...

J'hésite pour le dénoûment.

Qui me dira ce qu'est devenu *Victoire-du-Peuple*?

Voilà huit ans que je n'en ai entendu parler.

L'enfant du 10 août a-t-il trouvé la mort dans le même embrasement et dans la même fusillade qui avaient présidé à sa naissance? Né en pleine lutte, est-il tombé en plein combat? Baptisé par la Commune de 1792, a-t-il été enseveli par la Commune de 1871?

Ou bien existe-t-il encore?

Pourquoi pas?

Victoire-du-Peuple aurait aujourd'hui quatre-vingt-six ans. Il y a des gens qui ont cet âge. Peut-être achève-t-il son existence dans quelque coin de Paris, dans un faubourg ou dans un jardinet de banlieue. Peut-être ces lignes tomberont-elles sous ses yeux.

C'est si étrange l'histoire !

LE CARNAVAL

(*Au bal masqué.*)

UN TURC, *endormi sur une banquette et ronflant.*

Ron... ron...

UNE BERGÈRE, *lui tapant sur l'épaule.*

Ohé! ohé!

LE TURC.

Ron... ron... ron...

LA BERGÈRE.

Eh bien! quoi, ma vieille branche, on n'a pas bientôt fini de casser sa canne? C'est donc décent ce que nous faisons là?

LE TURC, *se frottant les yeux.*

Hein?

LA BERGÈRE.

Tu roupilleras pendant le carême. Aujourd'hui, c'est la rigolade. Allons, viens!

LE TURC.

Quoi?... la balance... mon inventaire...

LA BERGÈRE.

Ton éventaire? T'es donc un marchand de poissons? Ne te fâche pas, tu es beau tout de même, Justin.

LE TURC.

Qu'est-ce que vous me voulez? Je ne m'appelle pas Justin.

LA BERGÈRE.

Je le sais bien, gros chéri. C'est égal, tu as eu une drôle d'idée en te flanquant une tarte sur la tête!

LE TURC.

Ce n'est pas vilain, n'est-ce pas? C'est copié sur une gravure.

LA BERGÈRE.

Payes-tu à souper?

LE TURC.

A souper?

LA BERGÈRE.

Oui, souper... éplucher une écrevisse. C'est l'heure. Vas-tu attendre qu'il pousse des champignons sur ta pelisse? Les ouvreuses vont te ramasser.

LE TURC.

Souper?... oui, souper... c'est une idée.

LA BERGÈRE.

Je crois bien! Allons, hop! Décroche-toi de

dessus ton parc, espèce de marennes... Prends mon bras.

LE TURC.

Ton bras?... Mais, attends, es-tu jolie?

LA BERGÈRE.

Plus que toi, dans tous les cas.

LE TURC.

Ce n'est pas assez.

LA BERGÈRE.

J'ôterai mon masque au fromage.

LE TURC.

Pas avant?... Ah! tu as bien fait de me réveiller, vois-tu... Je faisais un rêve... non, ce n'était pas un rêve, c'était un cauchemar. Jamais de la vie je n'ai tant souffert... Figure-toi : l'avoué... l'huissier... les commandements... puis, le tribunal... On venait chez moi... On les voyait entrer... Tout le quartier était instruit... Ma femme pleurait... On retirait le livre de caisse à ma fille...

LA BERGÈRE.

Ah çà! es-tu sûr d'être bien réveillé, Mahomet?

LE TURC.

Je crois que oui.

LA BERGÈRE.

Alors... hop! Allons souper.

LE TURC.

Je veux bien... mais promets-moi d'être jolie.

LA BERGÈRE.

On essayera.

LE TURC.

Tâche de ne pas avoir plus de quarante ans.

LA BERGÈRE.

Des exigences!

LE TURC.

Et puis, tu me laisseras t'appeler Jeanne.

LA BERGÈRE.

Tout le temps. Tu vois comme je suis aimable!
(Ils se dirigent vers le vestiaire.)

(Au restaurant. — En cabinet particulier.)

LE TURC.

Jeanne!

LA BERGÈRE.

Faites-moi passer la moutarde.

LE TURC.

Il n'y en a pas sur la table.

LA BERGÈRE.

Comment! il n'y en a pas? elle est devant vous.

LE TURC.

C'est bien possible.

LA BERGÈRE.

A quoi pensez-vous?

LE TURC.

Je ne sais pas.

LA BERGÈRE.

Vous n'aimez donc pas les écrevisses?

LE TURC.

Si, beaucoup.

LA BERGÈRE.

Vous les laissez toutes sur votre assiette.

LE TURC.

Tiens, c'est vrai.

LA BERGÈRE.

Ah bien! vous pouvez vous vanter d'être un drôle de turc, vous.

LE TURC.

Tu trouves?

LA BERGÈRE.

Mais pas comme vous l'entendez. A votre santé, mon cher!

LE TURC.

Merci. *(Ils trinquent. Un silence.)*

LA BERGÈRE.

Comme cela, vous êtes un homme sérieux, vous?

LE TURC.

Comment l'entends-tu?

LA BERGÈRE.

Je veux dire : vous vendez quelque chose?

LE TURC.

Oui.

LA BERGÈRE.

Et vous êtes marié?

LE TURC.

Parbleu!

LA BERGÈRE.

Et vous avez des enfants?

LE TURC.

Trois.

LA BERGÈRE.

Que vous aimez?

LE TURC.

Ah! je te crois!

LA BERGÈRE.

Dites-donc... ce n'est pas gentil ce que vous venez faire ici.

LE TURC.

Non.

LA BERGÈRE.

Alors, vous devez avoir des chagrins?

LE TURC.

Tu l'as dit.

LA BERGÈRE.

Et vous cherchez à vous étourdir?

LE TURC.

Juste.

LA BERGÈRE.

Ça n'a pas l'air de vous réussir jusqu'à présent.

LE TURC.

Pas du tout. Essayons pourtant. Verse-moi à boire.

LA BERGÈRE.

Voici, monsieur.

LE TURC.

Pourquoi : monsieur? Tutoie-moi comme tout à l'heure. Tu m'appelais Mahomet. Vas-y toujours. Ma tristesse ne te regarde pas. Bois et mange. Sonne le garçon, demande tout ce que tu voudras. Veux-tu que nous prenions une chambre à piano? Je te jouerai la *Vague*, pendant que tu fumeras des cigarettes roses. — Tu as une jambe délicieuse.

LA BERGÈRE.

Laissez-moi.

LE TURC.

Je suis très-gai ordinairement. Tu n'as pas l'air de me croire. Je me suis amusé comme un autre. J'ai été quatre ans de suite à Bullier. J'ai connu Molécule et les sœurs Trompette. Après? après... ah! dame, j'ai fait comme tout le monde. Ma famille m'a établi; on m'a acheté un fonds de commerce. Je ne sais pas pourquoi je te raconte tout cela. — Un sale champagne, n'est-ce pas? Veux-tu que nous demandions quelque chose de moins infect?

LA BERGÈRE.

Mais non, je le trouve bon. Vous disiez donc que vous vous étiez établi...

LE TURC.

Je disais cela?

LA BERGÈRE.

Oui.

LE TURC.

J'aurais aussi bien fait de me jeter à l'eau ce jour-là.

LA BERGÈRE.

Pourquoi?

LE TURC.

Parce que... parce que... Mais c'est stupide à moi de te causer de toutes ces bêtises! En quoi cela peut-il t'intéresser? Tu n'as pas de chance d'être tombée sur un turc.

LA BERGÈRE, *philosophiquement.*

On tombe sur qui l'on peut. Je vous ai trouvé une bonne figure; je me suis dit : « Ce doit être un homme rigolo à table. »

LE TURC.

Tu vois.

LA BERGÈRE.

Je vois. Je ne vous en veux pas tout de même; vous êtes comme ça; vous avez votre manière à vous de vous distraire. C'est égal, à votre place, je serais resté couché.

LE TURC.

Non, je n'ai pas pu... J'ai préféré sortir, marcher, vivre de la vie de plaisir pendant une dernière nuit.

LA BERGÈRE.

Comment! une dernière?...

LE TURC.

Ah! c'est que je m'en vais te dire... je fais faillite demain.

LA BERGÈRE.

Bah!

LE TURC.

Oui. Entre dix et onze.

LA BERGÈRE.

C'est bien désagréable... Si nous prenions un parfait?

AUTRE HISTOIRE

DE CARNAVAL

Dialogue entendu au deuxième bal de l'Opéra, dans un corridor, entre un grave personnage très-haut monté sur cravate blanche et un domino rose fort élégant :

LE DOMINO ROSE, *avec vivacité.*

Ah! enfin, il y a trois quarts d'heure que je te guette!

LA CRAVATE BLANCHE.

Moi, madame..., vous vous méprenez assurément.

LE DOMINO ROSE.

Non, non! Tu es bien M. P..., le secrétaire général du ministre de...

LA CRAVATE BLANCHE.

Je ne chercherai pas à le nier.

LE DOMINO ROSE, *lui posant une main très-fine sur le bras.*

Il faut absolument que je te parle.

LA CRAVATE BLANCHE, *se rengorgeant.*

Eh bien! je t'écoute.

LE DOMINO ROSE.

Viens plus loin..., il passe trop de monde par ici.

(*Le domino rose entraîne la cravate blanche. On gagne l'extrémité du corridor.*)

LA CRAVATE BLANCHE.

A présent, me diras-tu ce que tu me veux?

LE DOMINO ROSE.

Oui, c'est pour mon trottoir.

LA CRAVATE BLANCHE, *ahurie.*

S'il vous plaît?

LE DOMINO ROSE.

Mon trottoir..., le trottoir de mon hôtel.

LA CRAVATE BLANCHE.

Je ne comprends pas.

LE DOMINO ROSE.

En deux mots, voici l'affaire : Je suis madame de C... Je veux faire prolonger mon trottoir dans la rue de Duras... et l'administration de la voirie me refuse...

LA CRAVATE BLANCHE, *profondément
désappointée.*

Eh! madame, cela ne me regarde pas!

LE DOMINO ROSE.

Mais si! je me suis informée. Cela est parfaitement du ressort de tes bureaux.

LA CRAVATE BLANCHE.

Eh bien! dans mes bureaux... venez... un de ces jours... nous verrons. Madame, j'ai bien l'honneur...
(*Et il tâche d'échapper à l'importune solliciteuse.*)

LE DOMINO ROSE.

Non, non, je ne te lâcherai pas sans avoir la promesse formelle...

LA CRAVATE BLANCHE.

Quelle promesse?

LE DOMINO ROSE.

La promesse de prolonger mon trottoir, d'ordonner à ces messieurs de la voirie...

LA CRAVATE BLANCHE, *impatientée.*

Encore une fois, madame, je ne viens pas ici pour m'occuper de pareilles choses!

LE DOMINO ROSE.

L'enquête a été très-mal faite; les raisons de la voirie sont pitoyables.

LA CRAVATE BLANCHE.

Adieu, madame!

LE DOMINO ROSE.

Je me cramponne à toi... Je veux mon trottoir!

LA CRAVATE BLANCHE.

Madame, je vous prie de me laisser.

LE DOMINO ROSE.

Mon trottoir!

LA CRAVATE BLANCHE.

Au diable!

(Le pauvre fonctionnaire s'échappe avec peine.)

Voilà où en est actuellement l'intrigue au bal de l'Opéra.

L'ÉGLISE RUSSE

J'ai assisté à une noce dans l'église russe qui avoisine le parc Monceau et qui dresse dans les airs ses boules dorées en forme d'oignons.

Ce qui manque à cet étrange et charmant édifice pour donner la sensation exacte de la Russie, c'est un horizon gris, un ciel bas et pointillé de neige. Mais à l'intérieur, l'illusion est complète et absolue. L'œil est immédiatement séduit par cette religion sur fond d'or, par cette barbarie solennelle, par ces tabernacles semblables à des vitrines d'orfèvrerie, par la Vierge en habit d'impératrice, par l'enfant Jésus tout roide dans sa robe brodée de pierres précieuses, par tous ces grands portraits uniformément nimbés, vus de face, inondés de barbe blanche, les mains longues, graves, pensifs, riches, — riches surtout.

Lorsque je suis entré, l'église était remplie de monde, le plus beau monde de la colonie russe. Les femmes, pâles, hautes, gracieusement superbes, selon le type de la nation, étaient en grande toilette. Le cordon de Saint-Vladimir, des plaques, des croix, des cravates et des brochettes d'ordres chamarraient les hommes en habit noir.

La cérémonie était commencée depuis quelques minutes. Deux messieurs tenaient élevées au-dessus de la tête du marié et de la mariée deux magnifiques couronnes or et velours. Des chanteurs psalmodiaient des prières d'un accent mystérieux.

Au sortir de l'église, la noce est allée manger de la charcuterie et boire du vin de Champagne, toujours selon le rite russe.

LE

BOURGEOIS DE PARIS

Sans prétendre l'agrandir, et sans vouloir lui retrancher certains défauts, le bourgeois de Paris est le personnage avec lequel les gouvernements doivent le plus compter, — tantôt avant, tantôt après le peuple de Paris. Cela dépend. Aveugles ceux qui n'aperçoivent pas le lien étroit qui unit à de certaines heures le peuple à la bourgeoisie! Union d'intérêts, alliances de famille, fraternité d'élans; la bourgeoisie et le peuple n'ont souvent fait qu'un aux périodes décisives. Plus on ira, plus cette communion est destinée à s'accentuer; peu à peu le point de vue deviendra égal pour l'un comme pour l'autre. La lumière de l'avenir ne resplendira que sur des mains serrées.

C'est de la société renouvelée de fond en comble, c'est du peuple émancipé par la première Révolution qu'est issue la bourgeoisie actuelle. Lente à se constituer sous le premier empire, à cause des levées militaires, elle ne commence à prendre corps que sous la Restauration. Derrière le soldat qui a déposé le fusil apparaît alors le bourgeois, son aune à la main. Faites bien attention à cette aune désormais. C'est le moment où, du cœur du duc d'Orléans, propriétaire du Palais-Royal, s'échappe ce vœu naïf, qui va bientôt être exaucé : « Dieu soit loué... et mes boutiques aussi ! »

Elles le furent, et même assez cher. Le bourgeois de Paris, ce bourgeois nouveau, la cour revenue ne fit pas attention à lui. Elle le crut sans doute de la même farine que le bourgeois de l'ancien régime, et elle pensa avoir assez fait pour lui — comme pour les autres, — après lui avoir octroyé la charte. Elle ignorait que le bourgeois de Paris, derrière ses volets fermés au passage des processions, faisait son apprentissage du libéralisme, lisait Paul-Louis Courier et chantait en famille les chansons de Béranger, ce séditieux qui avait pris le fonds de Voltaire.

Ce bourgeois-là eut quinze ans d'ombre pour grandir et faire son éducation. Entre temps, il allait au Gymnase applaudir *Avant, Pendant et Après;* mais c'était un autre *après* qu'il rêvait.

En 1830, il se sentit mûr pour le combat, le pouvoir étant mûr pour la défaite. Pendant les trois journées de juillet, il reprit son vieux fusil, et, aux accents de la *Marseillaise* réveillée, il monta sur les barricades où il se rencontra avec le peuple. C'était sa façon à lui de *rentrer aux affaires.* Le reste est connu. Devant ce bourgeois qu'ils ne soupçonnaient pas, les Bourbons partaient, non plus pour la chasse aux perdrix (*carabi*), mais pour l'exil, cette fois.

Le règne de Louis-Philippe vit l'apogée et la fortune de la bourgeoisie. Du jour au lendemain elle était redevenue le tiers état, et même un peu plus que le tiers état. Des trois choses qui frappaient immédiatement la vue dans le royaume — le trône, la tribune et le comptoir, — c'était le comptoir qui paraissait le plus haut.

Il est certain qu'à ce moment quelques bouffées de vanité montèrent au cerveau du bourgeois de Paris. Pourquoi ne serais-je pas portraitiste sincère? pourquoi tairais-je les faiblesses de mon modèle? Ses gros souliers figurèrent aux bals des Tuileries; plusieurs manufacturiers furent créés barons. Il atteignit à tout; s'appela Ganneron, Cunin-Gridaine, Chambolle. Cependant ses idées subissaient un amoindrissement visible sous l'influence des gens de moyenne valeur qui prétendaient le mener. Plus il s'élevait, plus il voyait petit — surtout en littérature et en art.

C'est de ce moment-là que date l'hostilité des artistes et que le nom de bourgeois commença à être appliqué en mauvaise part. On lui dénia la compréhension des belles choses; on lui reprocha de *manquer d'idéal*, ce qui était absolument vrai. Daumier, dans ses caricatures, et Henry Monnier, avec sa création de Prudhomme, lui portèrent des coups terribles.

Cette diminution du bourgeois de Paris ne fut que passagère.

Il était appelé à se retremper dans la révolution de 1848.

Le bourgeois de Paris a eu tout le temps de se recueillir, de méditer et d'achever son éducation politique pendant le cours du second empire. Je ne nie pas qu'il n'ait fait ses affaires; je ne suis pas aussi candide que cela. Il s'est comporté sous l'empire comme il s'était comporté sous la Restauration. Il a été calme, prudent, mais rien de plus. Enthousiaste? allons donc! Rallié? pas même. Il est retourné à l'individualisme, cette doctrine des temps de transition. Il a sauvegardé les intérêts du pays et maintenu la France à son premier rang commercial. C'était son devoir; il l'a accompli, sans s'engager avec personne.

Ce qu'on n'enlèvera pas au bourgeois de Paris, et ce que quelques-uns voudraient bien lui enlever pourtant, c'est son entrain à défendre *sa* capitale menacée par les Prussiens. On est bien près aujourd'hui de regarder de travers ceux qui ont fait partie de la garde nationale pendant le siége. Nous en sommes arrivés là.

ARTISTE EN CHEVEUX

La douleur a diverses façons de s'exprimer. Il y a même la façon comique.

Les sentiments les plus respectables ont des échappées sur le ridicule. J'en veux prendre pour exemple aujourd'hui une scène dont j'ai été le témoin.

J'avais accepté d'accompagner une dame, une jeune veuve, chez un *artiste en cheveux*. La curiosité, autant que l'amitié, m'avait décidé à cette démarche.

Le magasin de cet artiste était orné à l'extérieur de plusieurs vitrines remplies de tableaux exécutés tout en cheveux, représentant pour la plupart des sujets funèbres : — mausolées ombragés de saules pleureurs, tertres plantés de croix, tombes surmontées de couronnes, urnes à demi voilées, chapelles entourées de grilles, clairs de lune, etc., etc.

C'était à donner envie de pleurer.

— Monsieur, dit la veuve à l'artiste capillaire

en ouvrant un petit sac qu'elle portait à la ceinture, voici des cheveux de Jules.

— Un de vos parents, madame ?

— Mon mari, monsieur... mon pauvre mari!

L'artiste s'inclina et prit en main les cheveux.

— Jules n'en avait pas beaucoup, comme vous voyez, monsieur... la nature avait été avare pour lui sous ce rapport... Il était forcé de ramener un peu.

— Oh! il y en a en quantité suffisante, madame... excellente qualité de cheveux, d'ailleurs... souples, moelleux...

Il avait saisi une loupe pour les examiner.

— Qu'est-ce que vous avez l'intention d'en faire faire ? demanda-t-il à la veuve.

— Eh! mais, un petit cadre dans le genre de ceux que je vois ici.

— Très-bien. Voulez-vous un paysage ou un intérieur ?

— Je ne suis pas encore bien fixée.

— L'intérieur a son agrément : il permet de reproduire quelques-uns des objets mobiliers chers au défunt... mais le paysage est plus avantageux.

— Ah!... vous croyez ? dit-elle.

— Oui. Le paysage offre plus de marge à notre imagination... On peut utiliser les poils de la barbe du mort dans la composition du ciel et les caprices des nuages... On fait aussi de très-jolis terrains avec de la poudre de cheveux... Le cheveu en longueur produit des peupliers d'un charmant effet.

— Vraiment? dit la veuve, qui parut enchantée; mais alors, vous pourriez représenter notre maison de campagne, que Jules aimait tant?

— Parfaitement, madame; il vous suffira de me remettre une photographie.

— J'en ai précisément une sur moi. Vous voyez, c'est très-coquet...

— Très-coquet; je me flatte de ne pas rester trop au-dessous de l'original.... il y a des ressources infinies dans le cheveu.

— C'est un petit chalet, à Nogent, au bord de la rivière.

— La rivière.... justement, j'y excelle! s'écria l'artiste; permettez-moi encore une question, madame?

— Volontiers.

— Monsieur votre époux avait-il quelques cheveux blancs?

— Hélas! oui, répondit la veuve; mais j'ai eu le soin de les distraire de ce paquet.

— C'est un tort; faites en sorte de m'en apporter quelques-uns.... et des plus blancs.

— Pourquoi? demanda-t-elle avec curiosité.

— Pour représenter la rivière.

— Délicieux! dit la veuve.

— Fiez-vous à moi pour avoir quelque chose de tout à fait gentil... un objet décoratif...

— Que Jules serait content s'il pouvait se voir ainsi !

Tel est, mot à mot, le dialogue *caractéristique* — comme dirait Mlle Marie Dumas — auquel j'ai assisté il y a quelques jours.

CONCERTS MILITAIRES

La scène est dans le jardin du Palais-Royal. Il est cinq heures. La musique du 86ᵉ de ligne est rangée devant le bassin. Le chef, M. Bornibus (ne pas confondre avec le fabricant de moutarde), se dispose à attaquer l'ouverture des *Diamants de la couronne*.

Public nombreux et très-varié. Spécialité de bonnes et d'enfants. Sur plusieurs rangs de chaises, des toilettes printanières, des chapeaux fleuris. Les véritables et sincères amateurs de musique sont pressés tout contre les exécutants, l'oreille de côté, l'œil extatique. Dans les allées, les indifférents se promènent, fumant et lorgnant.

ADALBERT.

Enfin, vous voilà, Clémentine!

CLÉMENTINE.

Plus bas, donc! Vous criez mon nom par dessus les arbres. Vous avez fait peur à un moineau.

ADALBERT.

Il y a une demi-heure que je vous cherche.

CLÉMENTINE.

Il y a une demi-heure que je suis ici.

ADALBERT.

J'ai fait plus de dix fois le tour du bassin.

CLÉMENTINE.

Et moi de même.

ADALBERT.

C'est bien singulier!

CLÉMENTINE.

Non. Vous aurez fait sans doute le tour du bassin dans le même sens que moi.

ADALBERT.

Ah! oui, c'est cela... Je marchais cependant bien vite.

CLÉMENTINE.

N'allez-vous pas me faire subir un interrogatoire en plein air?... Vous êtes insupportable, mon cher.

ADALBERT.

Vous croyez, Clémentine?

CLÉMENTINE.

Oh! encore!

ADALBERT.

Pourquoi ne vous appellerais-je pas Clémentine? Ce nom n'a rien qui éveille l'attention. Qu'importe que les passants l'entendent? Est-ce qu'on lit sur votre front que vous êtes ma tante?

GAVROCHE, *passant*.

Ça, de la musique? Jamais de la vie! De la musique qu'on ne peut pas suivre en marchant au pas... Une grosse caisse qui reste en place comme une faignante... Malheur!... La musique, c'est comme le bon fromage, il faut que ça marche.

UN CRÉANCIER, *à son débiteur*.

Bonjour, monsieur Ernest.

LE DÉBITEUR.

Bonjour, monsieur Corbillon et Cie.

LE CRÉANCIER, *avec un soupir*.

Vous ne pensez pas à nous, monsieur Ernest?

LE DÉBITEUR.

Si fait, si fait... Je passerai chez vous.

LE CRÉANCIER.

Voilà deux ans que vous me dites cela.

LE DÉBITEUR.

Écoutez donc ce délicieux motif, monsieur Corbillon et Cie... ti, ta, ta... ti, ti, ti...

LE CRÉANCIER.

J'ai sur moi précisément un double de votre petite note... je vais vous le laisser.

LE DÉBITEUR, *marquant la mesure*.

Tu, tu, tu.

UN VAUDEVILLISTE, *à un de ses collaborateurs*.

Oui, mon cher, un sujet magnifique... tout

d'actualité... *le préfet qui ne veut pas s'en aller...* genre Gondinet... Le préfet se cramponne à sa préfecture comme *Pauvre Jacques* après son piano... Il dit qu'il a fait jusqu'à présent le bonheur de ses administrés et qu'il prétend le faire encore... malgré eux... malgré tout le monde. On est obligé d'employer la violence pour lui faire lâcher prise... Il revient par la fenêtre... ou par la cheminée... c'est à voir... On le flanque de nouveau à la porte. « Que vais-je devenir? se demande-t-il avec des larmes dans la voix; moi qui m'étais fait une si douce habitude du pouvoir!... Pas même mes huit jours... C'est ma femme qui ne sera pas contente! » Entres-tu bien dans la situation? il y a quelque chose, n'est-ce pas?... On fera jouer le préfet par Lassouche, qui a le ton du monde...

UNE DAME GRINCHEUSE, *à son voisin.*

Votre chaise est sur ma robe, monsieur.

LE VOISIN, *après avoir soulevé sa chaise et en souriant.*

Vous me dites cela bien *chaisement*, madame.

LA DAME GRINCHEUSE.

Comment?

LE VOISIN.

Oh! rien... l'ombre d'un jeu de mots... *chaisement* pour *sèchement*... une facétie sans importance... Cela m'arrive fréquemment. J'ai le cœur enjoué. Je prends toutes les choses sous leur bon côté... Et vous, madame?

LA DAME GRINCHEUSE.

Quoi, monsieur?

LE VOISIN, *toujours souriant.*

Ah! vous n'êtes pas à la conversation; vous êtes distraite... un papillon dans ce joli plafond... Moi aussi, j'ai parfois des absences... mais jusqu'à présent ma famille ne s'en est pas inquiétée outre mesure, puisqu'elle me laisse libre... Eh! eh! eh!

LA DAME GRINCHEUSE.

Monsieur, je ne suis pas venue ici pour causer.

LE VOISIN, *avec l'accent de Ravel.*

Mais moi non plus, madame!... et cependant je cause... je cause même comme une personne naturelle... je m'en vante... Cela vient de ce que j'ai un frère avocat... très-connu... On nous prend souvent l'un pour l'autre.

LA DAME GRINCHEUSE, *se levant brusquement.*

C'est intolérable!

LE VOISIN.

Madame, je vous ferai observer à mon tour que votre robe est sur ma chaise.

LA DAME GRINCHEUSE.

Oh!! *(Elle s'éloigne.)*

Entr'acte. Les musiciens égouttent leurs cuivres ou dévissent leurs flûtes.

UN PICK-POCKET.

Rien à faire... partout des redingotes boutonnées... Le porte-monnaie devient rare... Triste époque que la nôtre!... Où est le temps... (*Il s'interrompt soudain pour se jeter au cou d'un monsieur et l'embrasser éperdument.*) Nivoulard! mon vieux Nivoulard! toi!

LE MONSIEUR, *se débattant.*

Je ne suis pas Nivoulard! Voulez-vous bien me lâcher!

LE PICK-POCKET.

Tu n'es pas... Ah! c'est vrai... Je n'ai rien vu de plus prodigieux comme ressemblance. (*Il fait passer la montre du monsieur à un autre pickpocket.*)

LE MONSIEUR, *s'essuyant la bouche.*

C'est fort désagréable, cela.

UN VIEIL AMATEUR *à un jeune amateur.*

Monsieur, savez-vous de qui est ce morceau?

LE JEUNE AMATEUR.

Est-ce que cela se demande? C'est de Verdi.

LE VIEIL AMATEUR.

De Verdi... Ah! merci... De Verdi, j'aurais dû m'en douter... la mauvaise école italienne... la mélodie remplacée par la sonorité... De Verdi... la décadence... Comparez donc cela à Rossini

LE JEUNE AMATEUR.

Je ne le compare pas non plus, Verdi est infiniment plus fort que Rossini.

LE VIEIL AMATEUR.

Pouvez-vous dire, jeune homme!...

LE JEUNE AMATEUR.

Certainement, vieil homme... Rossini, de la musique à manivelle... du macaroni sans fin... Turlututu et tralala... Rossini... aucune profondeur... pas d'idées... Il a bien fait de mourir dans un appartement tapissé avec du papier à quinze sous le rouleau. Tel homme, tel idéal.

LE VIEIL AMATEUR.

Blasphème! Rossini, le cygne de Pesaro!

LE JEUNE AMATEUR.

Verdi! l'aigle de la Rivière de Gênes!

UN INCONNU, se retournant.

Un peu de silence, messieurs, s'il vous plaît... D'ailleurs, si je crois comprendre la cause de votre discussion, vous vous trompez l'un et l'autre... Le morceau que l'on joue en ce moment est de Rossini... l'*Italienne à Alger*.

LES DEUX AMATEURS, ensemble.

Bah!

LE VIEL AMATEUR.

De Rossini?... C'est de sa mauvaise manière, alors.

LE JEUNE AMATEUR.

De Rossini?... C'est ce qu'il a fait de meilleur, dans ce cas.

Deux impressionnistes, l'un peintre, l'autre romancier, se sont arrêtés pour étudier la physionomie du Palais-Royal à ce moment.

PREMIER IMPRESSIONNISTE, *parlant et faisant des traits de pouce.*

Toujours égayant, ce Palais-Royal... Hein? La chose la plus parisienne de Paris, même avant les boulevards... Une architecture aimable dans sa correction, dorée, cuite à point... La tradition de Louis, de Gabriel, de Ledoux, ces derniers architectes du xviiie siècle... de grands architectes.. le culte de la colonnade... Ne dédaignons point le Palais-Royal, parce qu'il est délaissé... Quelque chose qui rappelle la place Saint-Marc à Venise, avec du moins, c'est entendu... beaucoup de moins... Mais enfin, ça y est... n'est-ce pas? Les pigeons noirs remplacés par des pierrots, tu vas me dire... mais l'accent des Procuraties, par intervalles... c'est quelque chose, à Paris.

SECOND IMPRESSIONNISTE.

Les Procuraties, avec une odeur de fricandeau par les croisées.

PREMIER IMPRESSIONNISTE.

Ah! les restaurants... Je sais bien... Une plaie... Et encore! Que de gaieté dans cette impression qui met à tous ces étages la candeur épanouie des visages provinciaux!... Et la Rotonde, ce café Florian sans les portraits de Garibaldi et du comte Cavour... Et puis, de l'herbe en plus, un soupçon de gaz... le torse d'une Eurydice, l'attitude d'un Apollon allumeur de gaz... Le jardin du Palais-Royal, vois-tu, la religion de nos pères, les rendez-vous donnés pour aller faire ce qu'ils appelaient *une partie*... Et les souvenirs! une charretée! Il y en aurait à remuer jusqu'à demain... depuis la feuille d'arbre arrachée par Camille Desmoulins jusqu'aux gifles distribuées au café de Valois par les gardes du corps... l'orchestre du souterrain des Aveugles... les promena des déguenillées et philosophiques de Chodruc-Duclos... les nymphes des galeries et les filles du théâtre de la Montansier... le boniment des ombres chinoises de Séraphin dans la voix éraillée d'un émigré... l'hirondelle d'Horace Vernet peinte en un jour de détresse au plafond du café de Foy... le 113... j'allais oublier le 113 et ses drames... Corazza, où déjeunait

Balzac, voulant collaborer, avec Lassailly voulant déjeuner... Autant de pages d'histoire, et de la plus pittoresque... Ah! le Palais-Royal!

SECOND IMPRESSIONNISTE.

Et après?

PREMIER IMPRESSIONNISTE.

Après? les magasins... des magasins exceptionnels... Tous les rubans et tous les diamants de tous les ordres, de tous les royaumes, dans des vitrines étincelantes... de quoi se faire dans une minute membre de l'ordre Constantinien ou chevalier de la Croix-Bretonne d'Hervé du Lorin... grand maître de Malte ou commandeur du Saint-Sépulcre... des dandinements de brochettes à éblouir... des plaques et des grands cordons, et des cravates, avec ou sans liséré, à donner le vertige... Les magasins du Palais-Royal! c'est-à-dire des boutiques de joaillerie qui ont fait percer des plafonds par des voleurs... des ruissellements de montres et de bagues qui remplissent de demi-heures de convoitises les yeux effarés des petites bourgeoises de Bar-sur-Aube ou de Mende... des exhibitions de porcelaines de Sèvres dont on mangerait... Tout ce qui dépasse le rêve et foudroie les audaces les plus intrépides de l'imagination!

SECOND IMPRESSIONNISTE.

Oui... des robes de chambre de nabab ou de dentiste, avec cordelière, à dix-huit francs.

PREMIER IMPRESSIONNISTE.

Tais-toi... tes plaisanteries ne détruiront pas le Palais-Royal... Il est indestructible, il a la force d'une institution nationale.

DEUXIÈME IMPRESSIONNISTE, *voyant la foule s'écouler.*

Finie la musique !

PREMIER IMPRESSIONNISTE.

Tiens ! on faisait de la musique ? je n'ai rien entendu. La musique, connais pas. Allons-nous-en.

OISEAUX

J'aime à m'arrêter devant les boutiques de marchands d'oiseaux, qui, heureusement, sont assez nombreuses à Paris.

Si cela m'amuse, cela amuse aussi les oiseaux. La plupart se mettent aux fenêtres, comme on dit, pour me regarder. Je suis un événement pour eux. Ils s'agitent, ils se consultent dans leur langage.

Les piaillards constituent la majorité ; mais il y en a aussi de muets, et même de tristes. Les geais sont inquiets, les chardonnerets sont attentifs, les rossignols sont farouches. La palme de l'intelligence continue à demeurer acquise aux perroquets.

Ce matin, j'en examinais un, rue Saint-Honoré. C'était un perroquet gras à faire envie, et d'un beau vert d'absinthe. Il ne s'émut pas à mon approche. Il se contenta d'entr'ouvrir un petit œil comparable à une pierre précieuse, — puis il le referma avec indifférence, pour reprendre son bon sommeil de perroquet. Cependant, je restais toujours devant lui.

Cela parut l'impatienter, à la fin; il rouvrit décidément les yeux, se balança un moment sur les pattes et me regarda, à son tour, d'un air qui me sembla profondément moqueur. Puis, au bout de quelques minutes, lorsqu'il vit que j'allais battre en retraite, le perroquet me lança cette apostrophe :

— C'est tout ce que tu payes ?

* *
*

« *Comment un habitant de Paris eut cinquante corbeaux à son enterrement.* »

Celui qui fut le héros de cette aventure était le riche Portugais M. de Machado, connu par son amour effréné pour tous les oiseaux en général, et mort il y a une douzaine d'années environ.

M. de Machado habitait sur le quai Voltaire un vaste appartement, ou plutôt une volière, remplie des espèces les plus rares. Leur entretien lui coûtait fort cher. Il y avait tel oiseau à qui il fallait du chasselas toute l'année, tel autre des vers enfarinés de safran et des insectes vivants, tel autre encore du baba et des œufs sucrés. Celui-ci voulait des dragées, celui-là ne pouvait souffrir que le pain Grezzini...

M. de Machado veillait lui-même à tout, avec un rare scrupule.

Il ne se contentait pas de ses pensionnaires de

l'intérieur; il avait aussi ses pensionnaires de l'extérieur. Au nombre de ces derniers était une légion de corbeaux, hôtes des Tuileries et du Louvre.

Chaque jour, au coup de midi, avec la ponctualité des pigeons de la place Saint-Marc de Venise, les corbeaux du Louvre venaient s'abattre sur le balcon de M. de Machado, qui leur faisait préparer non moins régulièrement des assiettées de viande coupée en petits morceaux.

Maintenant, vous comprenez comment il lui fut facile d'avoir ces corbeaux à ses funérailles.

Par testament, il prescrivit pour midi le rendez-vous à la maison mortuaire.

Les corbeaux n'y manquèrent pas, et ce ne furent pas les moins affligés, car, leur repas n'ayant point été servi ce jour-là, ils remplirent l'air de leurs croassements lugubres et tout à fait de circonstance.

Certains savants, stupéfaits, considérèrent ce groupe de corbeaux comme un prodige inexplicable.

TABLEAU-HORLOGE

Un jour que je causais avec Millaud, le banquier Moïse-Polydore Millaud :

— Qu'est-ce que vous avez le plus désiré dans vos premières années, dans vos années de pauvreté? lui demandai-je.

— Devinez, me dit cet excellent homme en souriant derrière ses lunettes d'or.

— Un hôtel?
— Non.
— La croix de la Légion d'honneur?
— Non.
— Une jolie femme?
— Non... Je vais vous le dire tout de suite, car vous ne seriez jamais capable de le deviner, ni vous ni personne. Ce que j'ai le plus vivement désiré d'avoir quand j'étais jeune... la première chose que je me suis promis d'acheter lorsque je serais riche, c'était...

— C'était?

— Un tableau-horloge... Oui, vous me regardez avec ébahissement, mais je vous ai prévenu...

Un tableau-horloge, comme on en voit partout, et principalement dans le passage Colbert... ou Vivienne... Un tableau-horloge représentant un hameau avec une église et son clocher... Que voulez-vous? chacun place sa poésie où il peut... Et dans ce clocher une montre, une grosse montre, marquant et sonnant les heures...

— Naturellement, dis-je.

— Oh! attendez, continua Millaud; mon tableau-horloge était plus compliqué que vous ne le supposez... Il comportait en outre, au bas du village, une voie de chemin de fer sur laquelle était engagée une locomotive... et, tout à fait en bas, au premier plan, une mer en toile verte, une mer quelconque, supportant un navire orné de toutes ses voiles.

— Que de choses dans ce tableau! m'écriai-je.

— Eh bien! toutes ces choses étaient mises en activité par un mouvement caché dans un coin du cadre, et que je montais avec une clef... La locomotive s'ébranlait sur ses rails en sifflant... la mer s'agitait avec furie... le brick (car c'était un brick) s'enfonçait dans les vagues pour reparaître un instant après. C'était merveilleux, je vous assure!

— Merveilleux... mais naïf.

— Naïf, soit, dit Polydore Millaud; toutefois est-il que, lorsque je fus arrivé à la fortune, j'achetai mon tableau-horloge, le tableau de mes rêves. Longtemps on a pu le voir dans mon salon, à la place d'honneur, entre un Meissonier et un Picou.

— Diable!

— Oui, je vous comprends, mon cher Monselet, et les railleries ne me manquèrent pas pendant les premiers jours. Je tins bon, j'avais la religion du souvenir. Mais enfin, mon fils Albert et ma femme firent tant... Lamartine aussi s'en mêla... que je dus reléguer mon tableau-horloge dans ma chambre à coucher, loin des regards moqueurs. Il y est encore, au-dessus de mon lit; il y restera tant que je vivrai... Et lorsque je veux me procurer la vision des jours d'autrefois, je le remonte... Tout s'ébranle... le clocher, la locomotive, le brick... Je suis heureux, oh! bien heureux, je vous assure!

J'ai souvent pensé à ce tableau-horloge depuis la mort du bon Polydore Millaud.

Qu'est-il devenu?...

BOUQUINISTES

Ce n'est pas exagérer que d'affirmer qu'un cinquième de mon existence s'est passé à bouquiner.

J'ai bouquiné dès ma plus tendre enfance, en allant à l'école; c'était une vocation. J'ai bouquiné étant jeune homme, — et j'ai quelquefois oublié un rendez-vous pour une case de volumes poudreux, déchirés.

Je bouquine encore aujourd'hui; et si ce n'est plus à un rendez-vous que je manque, c'est parfois à un dîner que je me fais attendre. — Je bouquinerai probablement jusqu'à la fin de mes jours.

J'ai bouquiné partout où j'ai pu :

A Lyon, sur le quai de l'Hôtel-Dieu;

A Bordeaux, sur les Fossés des Tanneurs et les Fossés Saint-Éloi;

A Strasbourg, à la Foire aux Guenilles;

Au Havre, près du Collége;

A Londres, près de Temple Bar;

A Bruxelles, dans la rotonde du Marché;

A Turin, sous les arcades de la rue du Pô;

A Florence, devant les Offices ; partout enfin où le hasard m'a poussé.

Mais nulle part je n'ai bouquiné avec autant de fruit et de charme qu'à Paris.

Paris est par excellence la ville des bouquinistes. Indiquez-m'en une autre où il se rencontre une demi-lieue de parapets couverts de volumes, — car telle est à peu près la distance du quai d'Orsay au quai de la Tournelle.

Les quais, voilà le véritable empire des bouquinistes ; c'est une bourse, une halle, — avec les splendeurs d'un paysage unique et de jolis arbres tout le long des trottoirs, tamisant la lumière et versant la fraîcheur. Là, les amateurs sont assurés de trouver un aliment considérable à leur curiosité, à leur manie, à leur passion.

Me croira-t-on si je rapporte que, maintes fois, m'y étant aventuré vers midi, le soleil couchant m'y voyait encore, ayant fait quelques pas à peine? Je ne voulais d'abord que passer, jeter un coup d'œil ; — puis, la notion du temps s'effaçait à mesure que je bouleversais les boîtes à livres.

— Encore celle-ci, me disais-je, et celle-là... ce sera la dernière !

Je m'absorbais dans la lecture d'un auteur nouveau pour moi. Bref, parti du pont des Arts, j'avais mis six heures pour arriver au pont Saint-Michel. Oh ! les bons voyages que ceux-là ! Oh ! les années de jeunesse et d'apprentissage !

A un pareil métier, j'ai fini naturellement par

connaître un peu les bouquins — et les bouquinistes.

Il y a bouquinistes et bouquinistes.

Il y a les libraires importants du quai Voltaire, qui daignent étaler sur le parapet le superflu de leur librairie, en le faisant surveiller par un de leurs commis : livres assez haut cotés, grands atlas, traités d'architecture, voyages illustrés. Ce ne sont pas là des bouquinistes purs. Le nom de bouquiniste a quelque chose en soi qui éveille une idée d'humilité.

Le vrai bouquiniste est généralement un modeste libraire en chambre qui s'approvisionne de livres achetés par lots à l'hôtel des ventes ou à la salle de la rue des Bons-Enfants. Rentré chez lui, il en fait le triage avec une attention extrême, car il n'existe plus de bouquinistes inconscients comme autrefois; l'espèce en est disparue. Le bouquiniste d'aujourd'hui se connaît relativement en livres, il se méfie, il s'informe, il étudie les catalogues. Avec lui, les *trouvailles* deviennent de jour en jour plus difficiles.

Il sait la légende du *César* de Montaigne, acheté dix-huit sous par Parison et payé à sa vente quinze cents francs. — Il a entendu M. Fontaine de Resbecq se vanter d'avoir acquis pour six sous le charmant *Pastissier françois* (Elzevier, 1655), qui dépasse maintenant quatre mille francs. Il ne veut plus se rendre complice de pareils faits, humiliants pour la corporation.

Été comme hiver, hiver comme été, le bouquiniste des quais arrive chaque matin, vers huit heures, poussant une charrette à bras qui contient un certain nombre de caisses en bois, fermées la plupart d'une courroie. Il les dispose sur le parapet, et les ouvre; chacune de ces caisses est surmontée d'un écriteau indicatif des prix, — qui vont s'échelonnant de cinq centimes à deux francs.

Deux francs! ce sont les colonnes d'Hercule du bouquiniste; c'est le dernier mot de la cherté.

Quelquefois cependant, par exception, on remarque une boîte supplémentaire, sans écriteau : — ce sont des livres d'*extra*, comme on dit de certains mets au restaurant, mais dont les prix sont toutefois abordables aux bourses moyennes.

Après que le bouquiniste a terminé son déballage, ce qui lui demande quelque temps — car il faut mettre des volumes en évidence, épousseter, assortir, — sa journée commence; les chalands peuvent venir. Pendant huit, dix heures, selon la saison, il reste là, tantôt assis sur sa chaise, tantôt debout, allant et venant, l'œil perpétuellement au guet. — Son déjeuner, il le prend sur le pouce, ou dans le coin de la boutique d'un marchand de vin, d'où il peut encore apercevoir son étalage.

Il n'y a guère de bouquinistes jeunes. Le vieux livre suppose le vieil homme. Le contact des parchemins et des reliures donne prématurément à la physionomie du bouquiniste une teinte de gravité, un air de philosophie.

Tous ne sont pas sans défauts. Quelques-uns d'entre eux sont quinteux, irritables; ils viennent derrière vous replacer avec humeur le livre que vous avez dérangé; ils repoussent durement les petits garçons. — Il faut convenir qu'ils ont souvent bien des motifs pour être agacés, et que le nombre de leurs ennemis sans le vouloir est plus grand qu'on ne le croirait.

L'ennemi du bouquiniste est le désœuvré, le flâneur sans argent, le pauvre diable sans domicile, qui ouvre un volume, le premier venu, et qui se met, non pas à le parcourir, mais à le lire, uniquement pour tuer le temps. — Elle est célèbre l'histoire du bohème qui faisait une corne au livre commencé pour en reprendre la lecture le lendemain.

L'ennemi du bouquiniste est l'ignorant, l'étonné, le soldat attiré par les images; — ou bien encore ce grand niais arrêté devant une boîte quelconque, par-dessus laquelle ses yeux s'occupent à suivre le cours de la Seine.

Ennemie aussi, la femme en toilette d'aventures, qui promène un doigt distrait et indifférent sur les livres. Le bouquiniste grince des dents en l'apercevant, car il sait parfaitement qu'elle n'achètera rien, qu'elle est là tout bonnement parce qu'elle va faire une visite dans le quartier.

Tout le bénéfice qu'il en retirera sera de lui voir détourner l'attention des amateurs sérieux.

Après la femme — cette femme-là, — le plus grand fléau du bouquiniste, c'est la pluie, la pluie soudaine, intermittente, qui le force plusieurs fois par jour à fermer ses boîtes et à chercher un abri sous les portes cochères des environs.

Il y a des bouquinistes qui font de bonnes affaires, qui renouvellent fréquemment leur étalage, qui ont du flair, de l'activité; — il y en a d'autres qui végètent, et dont les livres insignifiants, dépareillés, piteux, demeurent toujours les mêmes.

Pauvres gens!

Comment peuvent-ils subsister de cette industrie? Pour un almanach de deux sous ou une livraison de revue qu'ils vendent de loin en loin, que de jours passés sans étrenner! Ils persistent cependant, et montent machinalement la garde auprès de leurs cinq à six boîtes lamentables.

Tous les bouquinistes, je l'ai dit, ne sont pas sur les quais. On en rencontre un peu partout, aux boulevards intérieurs et extérieurs, dans les passages.

Le quartier latin, et particulièrement les alentours de la Sorbonne, en possèdent un grand nombre; le bas de la rue Soufflot est littéralement tapissé de volumes; — mais là encore on se heurte à de véritables maisons de commerce, à des entrepreneurs sur une vaste échelle. Dès lors, rien de curieux à observer, rien de pittoresque, rien d'original.

TIMBRES-POSTE

De ce que trois ou quatre intrigants ont été récemment condamnés pour vol-annonce au timbre-poste, il ne s'ensuit pas du tout que ce genre d'industrie ait été sérieusement menacé dans son existence, ni même qu'il ait subi un temps d'arrêt quelconque. Tous les jours des annonces de la même nature et du même style continuent à s'étaler à la quatrième page des journaux. Elles se terminent toutes uniformément par cette recommandation : « *Env. timb. p.* »

Env. timb. p. est une des grandes formules de l'époque moderne.

Je vais étonner la plupart de mes lecteurs.

Le besoin d'envoyer des timbres-poste est aussi fort chez quelques personnes que chez d'autres le besoin d'en recevoir.

Cela tient à mille raisons — dont je ne conteste pas le côté comique, — à des curiosités enfantines, à des aspirations vers l'inconnu, à un tourment de correspondance, à un désir de se lier, d'entrer en relations, de se forger une espérance, d'animer sa vie, en un mot.

On se plaît à envoyer des timbres-poste comme on se plaît à se faire tirer les cartes, — comme on se plaisait autrefois à mettre à la loterie.

Et pour peu qu'on ait l'oreille sensible, comment résister à des coups de pistolet dans le genre de ceux-ci :

Avis aux ambitieux. Env. timb. p.

Moyen de faire une rapide fortune. Env. timb. p.

On demande votre portrait. Env. timb. p.

Voulez-vous rajeunir? Env. timb. p.

Elle vous préférera peut-être. Env. timb. p.

Votre avenir est entre vos mains. Env. timb. p.

Comment résister à ces tentations qui promettent tant et demandent si peu?

Env. timb. p. Et combien? Une misère, la moindre des choses, un franc cinquante centimes au plus. Ce chiffre d'un franc cinquante, que les industriels en question semblent s'être fixé, n'effarouche personne, il est à la portée de tout le monde. Pour un franc cinquante vous pouvez, du jour au lendemain, vous procurer un confident, presque un ami. Et vous hésiteriez?

Du côté de ceux qui reçoivent les timbres-poste, la part de naïveté est peut-être moins grande.

Pourtant il s'en faut que ce soient tous des filous.

Il y en a qui ont une certaine conscience et qui donnent quelque chose en échange de ce qu'ils demandent : — une brochure, une adresse, des conseils, n'importe quoi.

Ceux-là sont en règle avec la justice.

L'année dernière, les curieux ont pu remarquer une annonce au timbre-poste qui est certainement une des plus originales qu'on ait vues.

Elle était ainsi conçue :

Vous serez sur mon testament, env. timb. p. 1 fr. 50. Bédollencq, à Graine-de-Nièvre (Allier). Écr. lisiblem.

Bédollencq était un paysan de bonne foi, une espèce de maçon célibataire, sans héritier, qui avait trouvé le moyen d'augmenter ses revenus.

Tous les soirs, pendant quelque temps, lorsqu'il revenait des champs, Bédollencq interpellait ainsi sa domestique :

— Jeannette !

— Not' maître ?

— Mon courrier est-il venu ?

— Oui, not' maître.

— Combien de lettres aujourd'hui ?

— Ma fine, une quarantaine, tout de même.

— Rien que cela ? faisait Bédollencq avançant la lèvre en signe de moue; maigre journée... soixante francs... Enfin, nous verrons demain.

Et il allait manger avec sérénité l'énorme mastic qu'il appelait sa soupe.

Qu'est-ce que la loi aurait pu reprocher à Bédollencq?

Rien.

Il lui plaisait de se mettre lui-même en exploitation funèbre, de diviser son testament en innombrables coupures.

C'était son droit.

Quelles réclamations pouvait-il craindre de ses correspondants?

Aucune.

Mettrait-il longtemps à trépasser ou ferait-il galamment les choses en abrégeant son existence?

Autant de questions, — autant d'indiscrétions.

Bédollencq pouvait marcher le front haut.

Nous étions trois l'autre soir, au café Riche, causant de ces matières, lorsque l'idée nous vint d'instituer entre nous un concours.

Il nous importait de savoir jusqu'à quel point on pouvait défier la crédulité humaine.

Moi, je soutenais qu'elle n'avait aucunes bornes.

En conséquence, il fut décidé que chacun de nous trois enverrait aux journaux une annonce, — la plus excentrique, la plus invraisemblable, la plus folle qu'il pourrait imaginer, — sans qu'aucune des trois annonces, bien entendu, pût engager son auteur vis-à-vis du public.

Camille envoya celle-ci :

La main dans les cheveux! Env. timb. p. 1,50. Théorie d'une sensation nouvelle. Amour et fraîcheur! Poste restante, A. B.

Emeric, esprit moins tourné aux folâtreries, envoya cette autre :

Retour de l'autre monde. Env. timb. p. 1 fr. 50. Nouvelles précises. Plus de mystères. Tout éclairci. Poste restante, B. C.

Enfin, moi, ennemi déclaré des situations équivoques, voici quel fut mon contingent :

Je ne promets rien, ne m'engage à rien. Mais env. timb. p. 1 fr. 50. On vous fera peut-être une petite surprise. Qui sait? Poste restante, C. D.

Ces trois annonces — le croirait-on? — eurent un succès qui dépassa nos espérances... la première surtout.

Les timbres-poste affluèrent.

Nous les envoyâmes au bureau de bienfaisance le plus proche, et nous en tirâmes cette conclusion que, le jour où il sera défendu d'*env. timb. p.* aux inventeurs, aux agents matrimoniaux et même aux simples charlatans, ce jour-là bien des gens tomberont de la mélancolie dans l'hypocondrie, de l'hypocondrie dans la paralysie, et de la paralysie dans le désabonnement aux journaux.

MENDIANTS

J'ai découvert une nouvelle variété de mendiant.

C'est *le mendiant qui se fâche.*

Il fréquente particulièrement le faubourg Saint-Germain ; il honore de sa préférence les cours des hôtels aristocratiques.

C'est un grand gaillard, qui paraît boiteux et qui porte un bras en écharpe. Il a le regard assuré, la voix puissante, et il s'exprime à peu près ainsi :

« Messieurs, mesdames... *n'oubliez pas* un pauvre estropié, qui se recommande à votre bonté... à votre bonté et miséricorde... Messieurs, mesdames... devenu incapable de travail par l'explosion d'une mine... resté seul avec trois pauvres petits enfants... *N'oubliez pas...* votre bienfaisance et votre charité... Messieurs, mesdames... »

Puis il attend, regardant aux fenêtres. Si elles demeurent fermées, il continue en haussant la voix :

« Allons, messieurs, mesdames, je ne peux pas rester ici toute la journée... cela n'est pas raisonnable, que diable!... Vous pouvez bien me faire quelques sous entre vous tous; cela ne vous ruinera pas... Voyons, qui est-ce qui commence le premier? »

Même silence.

C'est alors que la moutarde commence à monter au nez de notre mendiant.

« Hé! là-haut, est-ce que vous ne m'entendez pas? Fallait donc le dire tout de suite... On ne fait pas perdre son temps comme ça aux malheureux... N'y a pas de bon Dieu possible... Êtes-vous décidés, oui ou non? »

Il arrive parfois que quelque bonne vieille dame, terrorisée par cette façon nouvelle de demander l'aumône, laisse tomber un ou deux sous.

Le mendiant les ramasse dédaigneusement en murmurant :

« Tout ça! Prenez garde d'attraper un effort... »

Et il s'en va en haussant les épaules.

PRÉDICATEURS

Le carême ne me fait pas peur. — D'abord, il est le héraut du printemps, héraut un peu maigre, j'en conviens; mais malgré sa ceinture de harengs saurs il porte à son chapeau les bourgeons d'avril et les premières fleurettes. Ensuite, il ramène les prédicateurs, qui sont pour moi un précieux sujet d'étude — au point de vue des conférences, — car les prédicateurs ne sont que des conférenciers avec un costume spécial.

Je crois voir Francisque Sarcey avec un surplis, et je m'imagine La Pommeraye sous la robe blanche d'un dominicain.

De la même façon que j'aime à m'enquérir du point où en est l'*éloquence du barreau*, j'aime à m'informer aussi des progrès de l'*éloquence de la chaire*. Dans ce coquetier sculpté, dominant à une juste distance un auditoire absolument respectueux, un homme me paraît infiniment intéressant, autant par la manière dont il pose sa voix que par la façon dont il distribue ses gestes, en même temps que par les expressions diverses qu'il donne à sa physionomie.

J'ai connu les prédicateurs renommés de ce siècle. C'étaient pour la plupart de grands comédiens, de grands tragédiens même, maîtres de leurs moyens — et surtout de leurs *effets*.

Dirai-je qu'à force de les suivre j'ai fini par m'apercevoir que, comme les grands comédiens, ils avaient particulièrement cinq ou six homélies affectionnées — j'allais dire des rôles — qu'ils se plaisaient à reproduire à des intervalles plus ou moins réguliers? Dirai-je que tel sermon saisissant de Lacordaire, entendu à Bordeaux, je l'ai entendu, *avec un nouveau plaisir,* sous les voûtes de Notre-Dame de Paris? Je le dirai certainement, puisque c'est la vérité. M. Ravignan avait son *Misanthrope*, M. de Combalot avait son *Cid*.

Cela est tellement vrai qu'un jour un journal, le *Journal des prédicateurs*, s'étant avisé d'annoncer qu'il donnerait à ses lecteurs les sermons sténographiés des célébrités de l'Église, un procès s'ensuivit entre lesdites célébrités et ledit journal, à la suite duquel les sténographes durent déposer leur plume trop zélée.

Cela est concluant.

Je regrette les prédicateurs *pittoresques*, une race qui tend à disparaître (M. Hyacinthe Loyson aura été le dernier). Je regrette Luther — je ne suis pas dégoûté, — Martin Luther, dont la voix valait tout un orchestre, à en juger par ce morceau que ses disciples ont pieusement recueilli:

« Quand Sodome et Gomorrhe furent englouties en un clin d'œil, tous les habitants de ces villes, hommes, femmes et enfants, tombèrent morts et roulèrent dans les abîmes... Ce fut la timbale et la trompette du bon Dieu; c'est ainsi qu'il sonna son *Poumerlé poump! poumerlé poump! Pliz! schmi, schmir!* Ce fut, comme dit saint Paul, la voix de l'archange et la trompette du Seigneur, car lorsque Dieu tonne, cela fait presque comme un coup de timbale. *Poumerlé poump!* Ce sera le cri de guerre et le *taratara* du bon Dieu. Alors tout le ciel retentira de ce bruit : *Kir! kir! Poumerlé poump!* »

Quelque chose comme notre *Dzing! boum! boum!*

Les onomatopées sont sœurs.

Je regrette le petit père André, surnommé le *prédicateur falot*, — le père Bridaine, ce Bossuet de village, qui allait conviant à son prêche les fidèles avec une cloche, — et surtout le père Honoré, ce capucin à qui la ville de Cannes s'honore d'avoir donné naissance; le père Honoré, dont l'accent parfumé de tous les aromes méditerranéens s'ajoutait à une éloquence irrésistible, et qui avait des façons singulières de faire entrer la foi dans l'esprit de ses auditeurs.

Un de ses sermons est particulièrement resté dans la mémoire de ses concitoyens.

Ce jour-là, le père Honoré arriva en chaire — j'allais dire en scène — avec un grand panier sous le bras, un panier recouvert d'une serviette.

On était accoutumé à ses excentricités.

— Mes chers frères, dit-il, vous vous demandez sans doute ce qu'il y a dans ce panier? des fleurs, des fruits... Regardez, ce sont des têtes de mort!

Et il en prit une, qu'il exposa entre ses mains aux regards de son public effrayé, — une tête de mort *naturelle*, avec son crâne ivoirien, son nez en trèfle, sa bouche au rictus grimaçant.

Le début promettait.

Le père Honoré continua en ces termes, s'adressant à la tête de mort :

— Qu'es-tu, toi? tête de riche ou tête de pauvre? tête de grand seigneur ou tête de manant?... A ton cerveau développé, je te crois tête de magistrat... Tu ne réponds pas... C'est bien.

Et tirant de dessous sa robe une toque de juge, et coiffant de cette toque la tête de mort, le père Honoré continua :

— Oui, oui, tu es un magistrat; je te reconnais à présent; je t'ai vu siéger sur des fleurs de lis au milieu de tes pareils, orgueilleux et puissant... *Pécaïre!* te voilà bien loti aujourd'hui! A quoi t'a servi de vendre la justice au poids de l'or? A quoi t'a servi de dépouiller la veuve et l'orphelin?... Fi! tu es plus laid que de ton vivant! Va-t'en, juge prévaricateur!

Disant cela, le père Honoré jetait la tête au beau milieu de l'assemblée, sans se soucier des exclamations d'épouvante qu'il suscitait.

Puis il passait à une autre.

— Oh! oh! continuait-il, ne serais-tu point la tête d'une de ces belles dames qui ne s'occupent qu'à prendre des cœurs à la pipée?

Il lui mettait alors une fontange qu'il tenait cachée dans une de ces sept poches qui font partie, dit-on, de la robe des capucins, et qui ont sept noms différents.

— Bonjour, mignonne; vous avez tout à fait bon air comme cela... Il me semble revoir ces yeux charmants qui ont fait verser tant de larmes sur la terre; cette bouche gracieuse d'où sortaient tant de paroles mauvaises; ces oreilles délicates toujours ouvertes aux discours impudiques... Mais il vous manque un peu de fard, madame... Attendez, je vais vous donner celui de la honte.

Il accompagnait ces paroles de deux ou trois soufflets.

— Tiens, scélérate! Tiens, maudite! Tiens, tison de discorde, ruine des familles, scandale des provinces!

Après quoi, il envoyait la seconde tête de mort rejoindre la première.

Il allait ainsi jusqu'à ce que le panier fût vide.

Chaque tête avait sa coiffure particulière, chapeau, bonnet ou capuchon; le père Honoré traînait tout un magasin d'accessoires — devançant ainsi Lemercier de Neuville et ses *pupazzi*.

Reverrons-nous jamais des prédicateurs de cette sorte?

J'en doute.

LES STATUES DE VOLTAIRE

Celle de Houdon est la plus connue. Des copies en ont été multipliées et répandues en tous lieux.

Mais avant la statue de Voltaire par Houdon, il y avait eu la statue de Voltaire par Pigalle.

Autant l'une est étoffée, autant l'autre est dépouillée. Ce sont les deux extrêmes.

L'histoire de la statue de Pigalle est une plaisante histoire, et qui vaut la peine d'être racontée.

En 1770, au mois d'avril, une vingtaine d'hommes de lettres et de gens du monde, réunis chez Mme Necker, proposèrent d'élever une statue à M. de Voltaire. On ne disait pas encore Voltaire tout court.

Il y avait là Diderot, d'Alembert, Helvétius, Suard — et trois abbés : l'abbé Arnaud, l'abbé Morellet, l'abbé Raynal.

Cette proposition, qui paraît avoir été toute spontanée, fut accueillie avec enthousiasme.

On décida que la statue serait élevée par souscription, et que chaque souscription ne pourrait être moindre de deux louis.

Jean-Baptiste Pigalle, sculpteur du roi, un des artistes les plus célèbres et les plus incontestés de son temps, fut choisi pour reproduire en marbre les traits de M. de Voltaire, qui habitait alors Ferney.

Ivre de joie, il se disposa à partir sur-le-champ.

Ce fut Mme Necker elle-même qui se chargea d'apprendre la grande nouvelle à Voltaire.

Sa réponse ne se fit pas attendre; elle est charmante et pleine de bon goût :

« Ma juste modestie, madame, et ma raison me faisaient croire d'abord que l'idée d'une statue était une bonne plaisanterie; mais puisque la chose est sérieuse, souffrez que je vous parle sérieusement.

» J'ai soixante-seize ans, et je sors à peine d'une grande maladie qui a traité fort mal mon corps et mon âme pendant six semaines. M. Pigalle doit, dit-on, venir modeler mon visage : mais, madame, il faudrait que j'eusse un visage; on en devinerait à peine la place; mes yeux sont enfoncés de trois pouces; mes joues sont du vieux parchemin mal collé sur des os qui ne tiennent à rien; le peu de dents que j'avais est parti. Ce que je vous dis là n'est pas coquetterie; c'est la pure vérité. On n'a jamais sculpté un pauvre homme dans cet état. M. Pigalle croirait qu'on s'est moqué de lui; et pour moi j'ai tant d'amour-propre que je n'oserai jamais paraître en sa présence. »

Cependant Voltaire finit par se rendre et par se prêter à cette *étrange aventure*. « Je me tiens très-philosophe sur cette affaire — dit-il — et je vous donne sur ce qui me reste de corps le même pouvoir que vous avez sur ce qui me reste d'âme. »

Comme on se l'imagine, la souscription fut rapidement couverte.

Jean-Jacques Rousseau ne fut pas un des derniers à envoyer son offrande.

Sur ces entrefaites, Pigalle s'était mis en route pour Ferney, avec une lettre de d'Alembert, où se lisait entre autres choses : « ... Vous avez beau dire que vous n'avez plus de visage à offrir à M. Pigalle; le génie, tant qu'il respire, a toujours un visage, que le génie son confrère sait bien trouver; et M. Pigalle prendra, dans les deux escarboucles dont la nature vous a fait des yeux, le feu dont il animera ceux de votre statue. »

Pas mal, pour un mathématicien!

On raconte que les habitants de Ferney, en voyant le sculpteur déployer les instruments de son art, ouvrirent de grands yeux et s'écrièrent :

— Tiens! tiens! on va donc disséquer notre seigneur!

Pigalle se mit à l'ouvrage, mais l'ouvrage n'était pas aisé avec un homme aussi remuant que M. de Voltaire, qui voulait toujours avoir son secrétaire auprès de lui, et qui dictait des lettres en *soufflant des pois*, par un tic qui lui était familier.

Le statuaire se désespérait de ces grimaces et se vit vingt fois sur le point d'abandonner la partie.

Enfin, après huit jours de séances orageuses, il quitta Ferney (de grand matin et sans prendre congé de personne) en emportant un modèle très-réussi et très-ressemblant, de l'aveu de ceux qui furent admis à venir le voir dans son atelier.

Il avait représenté son héros dans un fauteuil consulaire, enveloppé de draperies et la tête couronnée de lauriers.

C'était beau et noble.

Mais, au bout de quelque temps, il se fit un travail étrange dans le cerveau de Jean-Baptiste Pigalle.

La maigreur de Voltaire revenait sans cesse à son esprit; il en rêvait. Ce fut alors qu'il conçut l'étonnant projet de le représenter nu!

Voltaire nu!

Vainement essaya-t-on de le détourner de cette résolution, il ne voulut rien entendre. Il voyait là une étude magnifique, une « image de la décrépitude humaine, un pendant au sublime *Écorché* de Michel-Ange ».

Lorsque cette nouvelle se répandit dans le public, les souscripteurs firent un beau vacarme. On employa auprès de Pigalle les négociations, les flatteries, les promesses ; il demeura inébranlable, tout entier au plaisir de faire une anatomie savante.

« Ses amis intimes — raconte Grimm dans sa *Correspondance* — eurent beau lui représenter que cette statue serait laide à faire peur, que ce spectre décharné serait repoussant et qu'il perdrait l'occasion de créer un chef-d'œuvre populaire, force fut au parti philosophique de plier devant cette volonté de granit. »

Voltaire apprit dans sa retraite le singulier caprice de son sculpteur. Je ne crois pas qu'il en fût très-enchanté; mais comme il était homme d'esprit avant tout, il fit bonne contenance : « Nu ou vêtu, il ne m'importe; je n'inspirerai pas d'idées malhonnêtes aux dames, de quelque façon qu'on me présente à elles. Il faut laisser M. Pigalle le maître absolu de son travail. »

Et il se résigna à devenir le pendant de l'*Écorché* de Michel-Ange.

Commencée en 1770, la statue ne fut terminée qu'en 1776.

Pigalle y avait consacré six ans.

Elle produisit dans Paris l'effet auquel on s'était attendu, c'est-à-dire qu'elle fut l'objet de mille critiques, de mille brocards.

Mais commençons par la décrire.

M. de Voltaire est assis sur un rocher; il est nu,

Nu comme un plat d'argent, nu comme un mur d'église,
Nu comme le discours d'un académicien.

Cependant un manteau, jeté négligemment sur son dos, couvre son épaule gauche. Il tient de la main droite un crayon, et de l'autre un livre. Son regard est dirigé vers le ciel; il sourit légèrement; son crâne est chauve. A ses pieds gît un masque.

Sur le socle, cette inscription : *A M. de Voltaire par les gens de lettres, ses compatriotes et ses contemporains.*

Madame Necker et son groupe furent consternés. Ce n'était pas évidemment pour la reproduction d'un pareil squelette qu'ils avaient souscrit et fait souscrire leurs amis...

Seul, Jean-Baptiste Pigalle était radieux.

Il arriva ce qu'on avait prévu.

On fut obligé de cacher la statue de Voltaire. Elle resta pendant longtemps chez un petit-neveu du grand homme, M. d'Hornay, en Picardie.

Sous la Révolution, elle fut recueillie par M. Alexandre Lenoir.

Je l'ai vue, il y a quelques années, dans la bibliothèque de l'Institut, où je suppose qu'elle est encore.

L'histoire de la statue de Houdon n'est pas marquée d'aussi comiques incidents.

Elle fut ébauchée en 1778, après la représentation d'*Irène*. Voltaire, sur le seuil du tombeau, posa plus tranquillement pour Houdon que pour Pigalle.

Il ne s'agit plus cette fois d'un *écorché*, mais d'un homme qui sort du bain et s'enveloppe en frissonnant dans un vaste peignoir...

Ce pauvre Houdon! Il survécut longuement à son modèle, mais sa raison s'égara vers les dernières années.

Un soir, il s'aventura à la Comédie française, où il n'avait pas mis les pieds depuis longtemps.

— Qui êtes-vous, monsieur? lui demanda le contrôleur.

— Qui je suis? répéta fièrement le vieux sculpteur en redressant la tête; je suis le père de cet homme-là!

Et il montrait la statue de Voltaire, qui décorait alors le vestibule.

A quelques jours de là, Houdon revint au théâtre.

Le contrôleur le reconnut et cria d'une voix retentissante à ses employés :

— Laissez passer M. de Voltaire père!

Je tiens cette anecdote de l'excellent *comédien* Regnier.

IMITATIONS

Il est maladroit de mettre deux mystificateurs en présence.

L'un finit toujours par dévorer l'autre.

C'est ce qui est arrivé une fois pour Vivier et Jundt, qu'un amphitryon avait eu l'idée de réunir — croyant s'amuser doublement.

Vivier est le corniste que l'on connaît, Jundt est le peintre que personne n'ignore; hommes de talent tous les deux, hommes d'esprit par-dessus le marché, se délassant de leur art dans des charges dont quelques-unes sont devenues classiques — et où chacun d'eux apporte un mérite particulier, très-personnel.

Vivier est insinuant, souriant, câlin, félin. Jundt est plus flegmatique et d'apparence plus sévère; — il excelle dans l'imitation de Napoléon III.

J'ai dit qu'un amphitryon — croyant être des plus malins — avait imaginé de les réunir tous les deux dans une soirée qu'il donnait.

Nombreuse société avait été invitée.

Jundt s'arrangea de façon à arriver le premier, une heure environ avant Vivier — et, sans perdre une minute, sans se faire prier, allant même au-devant des sollicitations, il commença à mettre son public en belle humeur.

Il exécuta d'abord un solo de cor avec son nez, et fit rendre à cet organe les plus suaves mélodies. Une *Rêverie pour deux narines* obtint, entre autres, un succès étourdissant.

Ensuite, Jundt imita avec la bouche et avec les pieds le bruit d'une musique militaire en marche — le roulement des tambours — les fanfares des clairons — les commandements des officiers. C'était inouï de vérité.

Aussi, les auditeurs se tordaient-ils de rire.

Enfin, il termina par des histoires d'omnibus qui achevèrent de désopiler le public.

Son triomphe fut inénarrable.

Les applaudissements retentissaient encore dans le salon lorsqu'on annonça Vivier.

Ce fut le moment que Jundt choisit pour s'éclipser sans être aperçu...

L'attention, détournée, se porta tout entière sur le nouveau venu.

Vivier salua modestement. Après l'avoir laissé souffler, l'amphitryon lui demanda, au nom de l'assemblée, quelques-unes de ses délicieuses compositions.

Vivier fit les manières habituelles : il se sentait un peu fatigué, il n'était pas en train, on abusait de lui.

Puis il céda.

S'excusant de n'avoir pas apporté son cor, il proposa de le remplacer par son nez, et il annonça une brillante *Variation sur le cor... yza.*

L'assemblée, qui venait d'entendre Jundt dans le même exercice, ne manifesta qu'un enthousiasme médiocre.

Légèrement étonné, Vivier continua par ses imitations d'orchestre militaire. — Nouvel étonnement accompagné d'une froideur glaciale.

Peu accoutumé à une semblable réception, Vivier s'obstina.

Comptant sur l'effet irrésistible de ses histoires d'omnibus, il en entama une — qui faisait justement partie de celles qui venaient d'être débitées un quart d'heure auparavant.

Pour le coup, les auditeurs crurent qu'il se moquait du monde, et quelques-uns quittèrent le salon en donnant les signes les moins dissimulés de leur mécontentement.

Vivier, furieux lui aussi, se précipita à la recherche de l'amphitryon et le découvrit dans l'embrasure d'une fenêtre, où il se tenait caché.

Il le saisit à la cravate.

— Ah çà! m'expliquerez-vous ce que cela signifie? lui demanda-t-il.

Pâle, effaré, l'amphitryon aurait voulu se trouver à cent pieds sous terre.

— M'avez-vous fait venir chez vous tout exprès pour m'exposer à un pareil échec... le premier de ma vie? s'écria Vivier.

— Oh! pouvez-vous le croire! balbutia le maître de la maison.

— Je veux savoir alors le mot de cette énigme.

— Hélas! que voulez-vous que je vous dise? Demandez à M. Jundt...

— Jundt?

— Il était ici une heure avant vous, et, par la plus étrange des fatalités, il a exécuté une grande partie de votre répertoire.

Vivier lâcha la cravate.

Il demeura hébété, immobile, et partit sans prononcer une parole.

EMPRUNTEURS

D'E... a des façons particulières et bien amusantes pour éconduire les emprunteurs.

L'autre jour, un individu le rencontre à une exposition de l'hôtel des ventes.

— Mon cher d'E..., j'ai un besoin furieux de cinquante louis, et j'ai compté sur vous.

— Vous avez compté sur moi... vrai?

— Vrai, répond l'emprunteur un peu inquiet.

— Ah! mon cher, si vous saviez le plaisir que vous me faites!

Le front de l'emprunteur s'éclaircit.

— Eh oui! continue d'E...; cela prouve que vous ne me prenez pas pour une âme sèche, pour un cœur fermé à tous les bons sentiments. C'est bien. Vous êtes venu à moi sans hésiter.

— Sans hésiter.

— Cela fait votre éloge et le mien.

Et passant son bras sous celui de l'emprunteur rayonnant, d'E... ajoute avec bonhomie:

— Vous devriez venir plus souvent me conter

vos petites affaires, mon cher ami. Je pourrais peut-être vous donner quelques conseils de temps en temps.

— Oh! oh! des conseils!

— Je sais bien... cela ne vaut pas de l'argent comptant. Mais quand on n'a pas d'autre chose à donner!

— Comment? murmure l'emprunteur déconcerté et qui croyait tenir ses cinquante louis.

— Hélas! on ne fait pas toujours ce qu'on veut, reprit d'E... Beaucoup me croient riche qui se trompent du tout au tout.

— Allons donc!

— La vérité est que je suis ruiné.

— Depuis quand? balbutie l'emprunteur.

— Depuis assez longtemps, ma foi. Mais je fais bonne contenance, comme vous voyez.

— Vous voulez rire!

— Plût au ciel!

— Vous, ruiné... répète l'emprunteur atterré.

— Oh! mais pas au point que vous pourriez croire, mon cher.

L'emprunteur renaît à l'espérance.

— Il me reste encore quelque chose, reprend d'E...

— Ah!

— Oui... de quoi sauver les apparences. Et vous voyez, par votre exemple, qu'on peut encore s'y laisser prendre. Vraiment, vous ne sauriez croire, mon ami, combien votre démarche m'a enchanté.

Je ne peux rien pour vous, non plus que pour les autres; mais c'est égal. J'ai eu un moment d'illusion et de retour vers mon brillant passé : je me suis vu vous obligeant et vous donnant ce que vous veniez me demander. De douces larmes de joie coulaient de mes yeux.

L'emprunteur esquisse une horrible grimace.

Mais d'E... ne paraît pas s'en apercevoir et poursuit :

— Seulement, je vous en veux de votre discrétion. Ce n'est pas cinquante louis que vous deviez m'emprunter : c'est cent, deux cents. La modestie de votre chiffre a quelque chose d'humiliant pour moi... Mais, pardon, je parle comme si j'étais encore l'homme riche d'autrefois. Ce que c'est que l'habitude !

L'emprunteur ne l'écoute plus depuis longtemps.

Il est tombé de haut, l'emprunteur !

SOMNOLENTS

La section des *somnolents* est plus nombreuse qu'on ne croit. Les « plaisants de société » vous diront qu'elle se recrute principalement dans la magistrature assise, au sénat, à l'Académie et parmi les abonnés du *Constitutionnel*.

J'ai un ami qui, sans appartenir à aucune de ces catégories, est un somnolent de la plus belle eau.

Régulièrement après dîner, et particulièrement vers neuf heures du soir, Gravillier (c'est son nom) promène un œil égaré sur les personnes qui l'entourent, feint de prêter l'oreille à la conversation, sourit vaguement et laisse tomber peu à peu sa tête sur sa poitrine.

Du reste, on réveille facilement Gravillier, ce qui lui permet d'affirmer audacieusement que ce qu'on prend chez lui pour du sommeil n'est que de la méditation.

Nous avons fait, l'autre jour, à Gravillier, une farce horrible.

Il avait consenti, au sortir de table, à faire un quatrième dans une partie de dominos. Nous étions groupés autour d'une lampe.

La partie alla bien pendant quelque temps; Gravillier, tenant ses sept dominos dans la main gauche, était attentif et jouait comme une personne naturelle. Mais, dans un moment où l'un de nous remuait le jeu, crac! voilà que Gravillier ferme les yeux — bonsoir la compagnie!

— Attendez, dis-je, je vais essayer de le guérir de cette infirmité... pour quelques jours du moins.

— Comment cela?

— Laissez-moi faire.

J'éteignis la lampe. Nous demeurâmes plongés dans une obscurité complète.

— A présent, dis-je, feignons de continuer notre partie. Quatre!

— Quatre partout!

— Le double!

— Ces mots étaient prononcés à haute voix.

J'allongeai par-dessous la table à Gravillier un coup de pied qui le réveilla subitement.

— A toi de poser, lui dis-je.

— Hein? fit-il; qu'est-ce qu'il y a? Où sommes-nous?

— C'est à ton tour de jouer... Eugène vient de mettre le double as, tu vois bien.

— Je ne vois rien du tout, murmura Gravillier en se frottant les yeux.

— Est-ce que tu vas nous la faire longtemps ? Poseras-tu, oui ou non ?

— Posez donc, Gravillier, ajouta Eugène.

— Posez donc !

— Je ne demande pas mieux.... lorsque la lampe sera rallumée.

— Quoi ? prononçâmes-nous en chœur, que veux-tu dire ?

— Je dis : rallumez la lampe.

— Mais la lampe n'est pas éteinte, Gravillier.

— La lampe n'est pas éteinte ? répéta-t-il d'une voix étranglée par l'émotion.

— Non... puisque nous jouons.

— Vous jouez ?

— Certainement.

— Et vous y voyez ?

— Parbleu !

— Mais alors... alors...

— Ah çà ! te réveilleras-tu, incorrigible dormeur ?

— Ah ! mon Dieu !

Il venait de pousser un cri terrible. Gravillier s'était cru aveugle.

Ce fut alors que je jugeai opportun de faire briller une allumette.

Gravillier était affreusement pâle.

Il nous a avoué depuis qu'il *l'avait trouvée extrêmement mauvaise.*

GALANTINS

Il me souvient d'avoir conté autrefois, sous le titre du *Capitaine Monistrol*, l'histoire d'un homme qui, afin de tromper sa passion pour l'absinthe, imaginait des dialogues où il s'offrait à lui-même une ribambelle de *perroquets*.

Le trait de ce buveur ingénieux a son pendant dans celui d'un financier, fort connu, qui a recours aux mêmes procédés, mais dans un but différent.

Pour l'explication de ce qui va suivre, il faut savoir que son cabinet n'est séparé de ses employés que par une cloison fort mince. Une porte de leur côté — une autre porte du côté opposé, particulière celle-ci et donnant sur l'escalier de l'hôtel; voilà pour la mise en scène.

Le financier en question, pour avoir dépassé largement la cinquantaine, n'en est pas moins un galantin, un homme à prétentions. Extrêmement soigné dans sa mise, spirituel et gracieux dans ses propos, il tient à passer pour un homme à conquêtes.

Oh! mais, il y tient par-dessus tout ! Afin d'entretenir cette opinion flatteuse particulièrement dans l'esprit de ses employés — jeunes gens assez enclins à la moquerie, — chaque semaine ou à peu près il exécute à leur bénéfice l'intermède que voici.

Il s'interrompt tout à coup dans son travail, comme s'il avait perçu quelque bruit.

Il se lève et s'en vient fermer bruyamment la porte qui le sépare de ses employés. Il met le verrou avec affectation. Puis il va ouvrir l'autre porte et feint d'introduire quelqu'un.

— Eh quoi ! c'est vous, chère belle !... Vous ne dédaignez pas de venir faire visite à un pauvre homme de chiffres... Que c'est donc bien à vous !

Là-dessus, il débouche et répand à travers son cabinet un flacon d'essence, dont l'odeur (*odor di femina*) est destinée à arriver jusqu'au nez dilaté des commis.

— Mais donnez-vous donc la peine de vous asseoir, continue-t-il ; là, sur ce canapé... Souffrez que je prenne place à vos côtés, toute belle... Oh ! rassurez-vous, personne ne viendra nous déranger... Mes employés ? ils sont tout à leur besogne... Toujours fraîche comme la rosée !... A propos, vous n'êtes pas venue samedi dernier au *petit seize*, méchante ? Nous avons soupé jusqu'au jour. Un autre que moi serait rompu... il faut croire qu'il y a des grâces d'état pour nous autres viveurs... Mais approchez-vous donc, ma chère enfant... Vous avez une toilette exquise. Comment appelez-vous cela?... et cela?... Je vous fais rire... La jolie main! laissez-la dans la mienne, comme un petit oiseau.

Il embrasse sa propre main.

Il continue :

— Vous vous fâchez?... Voyons, ne dirait-on pas que c'est la première fois... Ne faites donc pas l'enfant... Quelle taille charmante! regardez, elle tient dans mes dix doigts... Eh bien! non, je serai sage, pardonnez-moi... Mais comment conserver sa raison quand on voit ces yeux si fripons, ces lèvres si mignonnes, ce cou si blanc, ce pied si... J'en dis autant à toutes les femmes?... Ne croyez donc pas cela... En vérité, je ne sais qui c'est qui m'a fait cette réputation. A entendre ces dames, on croirait que je suis le plus grand mauvais sujet de la terre.. Je m'amuse un peu, c'est vrai... Comment m'appelez-vous?... Ah! ah! c'est très-joli ce que vous venez de dire là!

Il rit aux éclats.

— A propos, reprend-il, donnez-moi des nouvelles de Cécile... et de Berthe... et de la grande Laure? Il faudra que nous fassions une partie un de ces jours... Savez-vous bien, ma chère Fanny, que vous êtes celle que j'aime toujours le mieux ? Parole d'honneur!... Écoutez-moi, j'ai quelque chose à vous dire bien bas... Approchez-vous... plus près...

. . . .

Telle est la comédie qu'il joue une fois par semaine, comme je l ai dit.

Et ses commis de s'écrier :

— Quel gaillard que notre patron !

PROMENADES SOLITAIRES

A l'instar de celui que M. Prudhomme appelait « l'immortel Jean-Jacques », j'ai donné autrefois dans les *promenades solitaires*.

J'ai dû y renoncer, et je vais dire pourquoi :

En ces temps-là, où je me croyais poëte, il n'y avait pas pour moi de sentiers assez déserts, de ravins assez obscurs, de gorges assez profondes pour y égarer ma rêverie. J'allais au hasard pendant des demi-journées, m'arrêtant pour me coucher en pleins foins, heureux d'attraper des rimes à la pipée.

Mais j'ai fini par m'apercevoir que, par tous pays, ce manége déplaisait aux paysans.

Nos « bons villageois » ne comprennent pas qu'on ait la manie de se promener seul. Ils veulent un motif à toutes choses. La profession de poëte leur fait hocher la tête. Ils ne se sont habitués que lentement aux peintres.

Les gendarmes partagent un peu la manière de voir des paysans. Les gendarmes de Senlis ont mis les menottes à Gérard de Nerval, qui était allé *seul* voir lever l'aurore dans son cher pays du Valois. Les gendarmes d'Ajaccio ont mis les fers aux pieds à Albert Glatigny, qui se promenait *seul* dans les montagnes de la Corse.

Décidément, l'Écriture a raison de s'écrier : *Malheur à l'homme seul!*

J'arrive à mon cas personnel.

J'avais été invité à dîner à M..., sur les bords de la Seine, à deux lieues de Paris.

Le temps était magnifique, je pris à pied et par les champs. Un petit carnet à la main, je notais de temps en temps mes impressions.

Les paysans, en passant, me regardaient de travers, se retournaient et me suivaient longtemps des yeux.

Je ne m'en souciais que médiocrement.

Arrivé à peu de distance de M..., je fis une halte et je m'assis dans l'herbe, en avant des premières maisons — toujours griffonnant.

Au bout de quelques minutes, je voyais se dresser devant moi un superbe gendarme qui me demandait *mes papiers*.

Je lui répondis avec un sourire que je ne m'en munissais pas pour aller dîner à la campagne.

— Alors vous allez me suivre chez M. le maire, me dit-il.

— C'est justement chez lui que je suis invité, répondis-je.

Rien n'est plus simple jusqu'à présent.

Mais, par malheur, mon passage dans l'unique rue de M... fut signalé par des manifestations du plus mauvais goût de la part des habitants grands et petits. On me montra le poing, on proféra des menaces contre moi, je ne répondrais pas que quelques pierres n'aient passé par-dessus ma tête.

Une escorte d'une trentaine de gamins grouillait et vociférait sur mes talons.

J'arrivai ainsi chez mon ami le maire qui s'étonna beaucoup de cet appareil et s'empressa de me faire passer dans son cabinet.

Puis, il prit le gendarme à part et s'entretint avec lui à voix basse, dans un angle de l'appartement.

— C'est très-bien, brigadier; vous avez rempli votre devoir, dit-il en le congédiant.

Le brigadier sortit en faisant le salut militaire.

J'étais demeuré stupéfait et passablement froissé de l'approbation de mon ami.

— Savez-vous, me dit-il en s'apercevant de mon ébahissement, pour qui l'on vous a pris à M... ?

— Non, et je serais curieux de le savoir.

— Pour un incendiaire.

— Diable !... mais expliquez-moi cela.

— Volontiers. Depuis quelque temps, la commune de M... est travaillée par de nombreux agents de compagnies d'assurances. Ceux d'entre les habitants qui refusent de se faire assurer sont naturellement remplis de méfiance. Or, quelques-uns de ceux-ci, vous ayant vu prendre des notes, vous ont cru agité de mauvais desseins. Ils ont supposé que vous dressiez une liste de maisons à brûler. Alors, ils sont allés prévenir le brigadier de gendarmerie. Si par hasard ils ne l'avaient pas trouvé...

— Eh bien?

— Eh bien! ma foi, ils auraient été capables de vous faire un mauvais parti.

— Grand merci! Ils sont gentils, vos administrés!

— Mettez-vous à leur place, mon cher.

— Non, j'aime mieux aller me mettre à table.

— C'est ce que j'allais vous proposer.

SOUFFLET

Ceci se passait à l'une des dernières soirées de M. Menier, en son hôtel du parc Monceau :

— Venez donc voir quelque chose, dis-je à Paul Parfait en le prenant par le bras.

Paul Parfait se laissa conduire dans une salle de billard. Là, contre une des parois extérieures d'une cheminée monumentale, qui donne l'idée d'une réduction de la porte Saint-Denis, je lui montrai un soufflet accroché.

Ah! quel soufflet!

Énorme, ventru, sculpté, fouillé, historié, blasonné, orné de capricieuses appliques en fer, lourd à soulever et à manier, et cependant majestueux dans son obésité. Les Médicis avaient dû en apporter de pareils de Florence.

Jamais, dans mes rêves de fortune les plus audacieux, je n'avais rêvé un tel soufflet. J'avais bien rêvé des palais, des chevaux, des fêtes, — mais, je l'avoue, j'avais complétement oublié le soufflet. Le soufflet m'avait échappé, grave lacune !

Ceux qui sont réellement nés pour l'opulence, ceux-là seuls pensent à tout.

Je demeurai longtemps plongé dans une admiration profonde, devant ce prodigieux soufflet, — le roi des soufflets.

Hélas! il faut bien le reconnaître, le soufflet a beaucoup perdu de son importance à notre époque. Son rôle a été considérablement diminué, grâce aux cheminées à trappe et aux boules résineuses. Un feu s'allume tout seul aujourd'hui, et dans une seconde. Il n'en était pas ainsi autrefois; c'était toute une grosse affaire. « Prendra-t-il? ne prendra-t-il pas? » se demandait-on, anxieux. Cela durait des quarts d'heure.

Le premier homme qui voulut allumer du feu s'avisa de souffler avec sa bouche; le second créa le soufflet, — ustensile naïf, Eole emprisonné entre deux morceaux de bois.

Il est à regretter que l'histoire n'ait pas conservé le nom de cet inventeur. Mais l'histoire a tant de choses à faire! — Il se peut cependant qu'il soit connu de Louis Figuier, qui connaît tout. Je lui demanderai des renseignements à la prochaine occasion.

Les soufflets ont été pendant longtemps d'un usage universel, et, pour ma part, j'en ai vu de toutes les sortes.

D'abord, le vieux soufflet de campagne en bois blanc, devenu noir à force de services, au cuir grossier, au bout calciné par les cendres brûlantes, — mais au souffle encore puissant, capable au besoin de renverser l'huissier qui serait venu pour le saisir.

Ensuite, le soufflet des villes, le soufflet bourgeois, un peu plus confortable, quoique prédisposé à l'asthme, comme un ancêtre qu'il était.

Puis le soufflet des salons, petit, mignon, coquet, en acajou ou même en palissandre, avec un *jeu* en maroquin rouge, brodé de jolis clous en cuivre doré, au bec effilé et pointu.

Ce dernier soufflet, le soufflet élégant, faisait merveille entre les mains d'un de ces brillants causeurs de coin du feu qui tendent à disparaître, eux aussi. Le soufflet aidait considérablement à leur éloquence; il leur était aussi nécessaire que le verre d'eau l'est au tribun. Ils le maniaient de cent façons, comme Célimène manie l'éventail.

Le soufflet était la cadence et la ponctuation de leur débit. Tantôt ils le balançaient comme une guirlande, tantôt ils le brandissaient comme une foudre. D'autres fois, c'était une baguette divinatoire avec laquelle ils semblaient tracer des signes cabalistiques.

— Mon Dieu ! laissez donc mon soufflet tranquille, Diderot ! devait dire souvent la bonne madame Geoffrin.

... Et voilà comment un soufflet m'a induit en rêverie, l'autre soir, pendant une demi-heure.

VAUDEVILLE A FAIRE

La scène se passe aujourd'hui ou demain chez un académicien.

On ne saurait être plus actuel.

Salon d'un style sévère. Une pendule résumant tous les empires connus. Aux angles, des bustes de grands hommes aux yeux sans prunelles.

Lorsque le rideau se lève, l'académicien — parfaitement conservé — est seul, comme il convient à quelqu'un qui travaille dans les poëmes épiques.

Il sonne sa bonne.

— Œnone, lui dit-il, voilà plusieurs fois que je vous ai recommandé de faire prévenir le tapissier... ce fauteuil a absolument besoin de réparation.

— C'est bien, monsieur, répliqua la servante — à qui l'on pourra prêter quelques lazzis dans le goût de la Laforêt de Molière.

On comprend d'ailleurs que ceci n'est qu'une indication — quelque chose de rapidement *jeté.*

A présent, voici la *scène à faire :*

Un inconnu se présente chez l'immortel, qui s'est remis ou plutôt replongé dans son travail.

Cet inconnu est très-correctement vêtu; sa physionomie est celle d'un homme mûr et sérieux.

— Monsieur, dit-il à l'immortel, je viens pour le fauteuil...

L'IMMORTEL, *se levant.*

En vérité, monsieur? Veuillez donc vous asseoir, je vous en prie.

L'INCONNU.

Oh! ce n'est pas la peine...

L'IMMORTEL.

Mais si! comment donc!... (*Après que l'inconnu s'est assis.*) A qui ai-je l'honneur de parler?

L'INCONNU.

Castagnol... Je suis Castagnol.

L'IMMORTEL.

C'est singulier! ce nom n'est pas présent à ma mémoire. Il est vrai que je vis si en dehors du monde... mes conceptions m'absorbent à un tel point... il faut m'excuser, monsieur Castagnol.

L'INCONNU, *confus*.

Oh! monsieur!

L'IMMORTEL.

Veuillez donc être assez bon pour me rappeler le genre dans lequel vous travaillez.

L'INCONNU.

Mais dans tous les genres à peu près.

L'IMMORTEL.

Diable!

L'INCONNU.

Oui... et particulièrement dans le genre riche.

L'IMMORTEL.

Riche?... Ah! j'entends... à la façon de M. de Saint-Victor ou de M. de Banville, par exemple?

L'INCONNU.

Élégance et solidité, voilà ma devise.

L'IMMORTEL.

Elle en vaut une autre... la richesse dans l'image, la solidité dans la pensée... Telles étaient aussi les principales qualités de l'illustre collègue que nous avons perdu et dont vous ambitionnez la place... Mais veuillez continuer à m'excuser et à m'éclairer, monsieur Castagnol... Quels sont vos principaux ouvrages?

L'INCONNU.

La liste en serait trop longue, monsieur.

L'IMMORTEL.

Il est cependant utile que je les connaisse, car je ne dois pas vous dissimuler que ce fauteuil sera vivement disputé.

L'INCONNU.

Bah! Un fauteuil aussi...

L'IMMORTEL.

Vous avez des concurrents redoutables.

L'INCONNU.

Des concurrents? Allons donc! je les défie tous! surtout pour la réparation.

L'IMMORTEL, *ayant à moitié entendu.*

Peste! comme vous y allez! Un duc, un romancier, un auteur dramatique....

L'INCONNU, *stupéfait.*

Un duc? un auteur dramatique?

L'IMMORTEL.

Et je ne vous cacherai pas que je suis déjà presque engagé avec l'un d'eux.

L'INCONNU.

Vous êtes engagé? Alors... (*Il se lève.*)

L'IMMORTEL.

Si, cependant, vous vous décidiez à me faire connaître vos ouvrages, monsieur Castagnol, peut-être....

L'INCONNU.

Mes ouvrages! mes ouvrages! Mais vous les connaissez depuis longtemps.

L'IMMORTEL.

Comment cela?

L'INCONNU.

Puisque vous êtes assis dessus.
Le quiproquo prête aux développements.
On ferait jouer l'académicien par Baron et le tapissier par Pradeau.
On pourrait même faire intervenir un véritable candidat, qui, celui-là, serait pris par l'académicien pour le tapissier.
Renversement de la scène.

L'ACADÉMICIEN.

Tenez! prenez le fauteuil, je vous le donne!

LE CANDIDAT.

Est-il possible?

L'ACADÉMICIEN.

N'épargnez rien pour lui rendre son premier lustre.

18.

LE CANDIDAT.

Je crains bien, malgré toute ma bonne volonté, de rester au-dessous de cette tâche.

L'ACADÉMICIEN.

Bah! bah! avec beaucoup de crin...

LE CANDIDAT.

Du crin?

L'ACADÉMICIEN.

Et une roulette neuve...

LE CANDIDAT.

Une roulette?

L'ACADÉMICIEN.

Après cela, si vous ne pouvez pas vous en charger, laissez-le, je le donnerai à un autre.

LE CANDIDAT.

Non! non!

L'ACADÉMICIEN.

Emportez-le donc.

LE CANDIDAT, *abasourdi*.

Que j'emporte le fauteuil d'Autran?.....
On voit la situation d'ici.

BOUTIQUE A LOUER

Habiter n'importe quoi, excepté quelque chose qui ressemble à la maison de tout le monde — c'est la préoccupation de tous les esprits amoureux de fantaisie.

Diogène demeurait dans un tonneau.

Siméon Stylite demeurait sur une colonne.

La Madeleine se plaisait dans une grotte.

Arsène Houssaye a longtemps vécu dans un moulin.

Ziem, le peintre, a passé la moitié de sa vie dans une voiture.

Mon ami le félibre Anselme Mathieu demeure dans une église à Avignon — une église qu'il a restaurée à ses frais, et pour lui seul.

En ce qui me concerne, j'ai demeuré pendant une saison dans une boutique. C'était à l'époque que Dickens a appelée *les temps difficiles*.

Un jour que je me promenais assez mélancoliquement le long du canal Saint-Martin, mes yeux furent attirés par cette enseigne : *Boutique à louer; s'adresser au concierge de la maison.*

— Parbleu! m'écriai-je, voilà mon affaire! Je suis las de toujours demeurer au cinquième étage.

Et j'entrai chez le concierge, comme l'écriteau m'y invitait.

Le prix me parut modique; mais je ne laissai pas d'être embarrassé lorsque le concierge me demanda mon industrie.

— Vous savez, dit-il, le propriétaire ne veut pas de métier bruyant... Ni forgeron, ni serrurier, ni marchand d'oiseaux.

— Soyez tranquille, répondis-je; il n'y a rien à craindre de tel avec moi; je hais le bruit.

— Qu'est-ce que vous vendez?

— Je ne suis pas encore décidé.

— Pas de choses désagréablement odorantes, au moins.

— Oh!

Moyennant mes réserves, l'engagement de location fut passé, et le lendemain je prenais possession de ma boutique, — une petite boutique proprette, bien claire, au milieu de laquelle j'établis ma table à écrire.

Tous les matins j'ôtais gravement mes volets, comme un commerçant, — comme l'épicier mon voisin de droite, comme la mercière ma voisine de gauche. Je faisais mon ménage moi-même, ce qui n'était pas bien long.

Il y eut, les premiers jours, une sensation d'étonnement dans le quartier. On s'arrêtait curieusement devant ma boutique, qu'aucun rideau ne protégeait; on me regardait écrivant ou lisant.

On interrogeait surtout le concierge.

— Qu'est-ce que c'est donc que votre nouveau locataire?

— Je ne sais pas... c'est un marchand qui n'a pas encore déballé.

Et le concierge, dont j'avais su me faire un ami, me tenait au courant de tous les propos, en ajoutant régulièrement :

— Vous devriez tout de même vous décider.

— Croyez-vous?

— On n'occupe pas une boutique sans l'utiliser.

— Vous voyez bien que si.

— Je veux dire : ce n'est pas l'usage.

— Je le ferai peut-être venir.

— Enfin, cela vous regarde.

— Précisément.

Je m'apercevais néanmoins que ce concierge était contrarié.

Quelquefois il venait dans ma boutique, où il avait ses grandes et petites entrées, comme le soleil, et il regardait autour de lui en soupirant.

— Qu'avez-vous, monsieur Brucolaque? lui demandais-je.

— Je pense qu'on pourrait établir un joli dépôt ici.

— Un dépôt de quoi?

—De la première denrée venue... de pruneaux, par exemple.

— De pruneaux ?

— Ou de sangsues... Oh ! je n'ai pas de préférence.

— Ni moi non plus. J'y songerai, monsieur Brucolaque.

Une autre fois il me dit en grattant son front soucieux :

— J'ai une idée.

— Cela ne m'étonne pas, répondis-je ; voyons votre idée ?

— Pourquoi ne vous feriez-vous pas *blanchisseuse* ?

— Hein ?

— Ou blanchisseur. Les frais d'agencement ne coûtent presque rien : de l'eau, du feu, deux ou trois baquets, quelques fers à repasser. Le quartier vous fournirait de petites apprenties.

— Ah ! le quartier me fournirait ?...

— Certainement. Vous auriez, pour commencer, la pratique de toute la maison... et la mienne.

— Je vous blanchirais, monsieur Brucolaque ?

— Moi et bien d'autres. Je salis beaucoup. Examinez cette idée...

— Je l'examinerai certainement.

— Un garçon comme vous ne peut pas toujours rester à ne rien faire.

— Mais je travaille beaucoup, monsieur Brucolaque.

— Ta ! ta ! ta ! des écritures, cela ne mène pas loin. Voyons, quand me rendrez-vous réponse ? me demanda-t-il.

— Il faut que je consulte ma famille. On ne se fait pas comme cela *petite blanchisseuse* du jour au lendemain.

Il me quitta en hochant sa tête de concierge.

A partir de ce jour, je compris que j'aurais quelque peine à me maintenir dans ma boutique.

Peu de temps après, en effet, le propriétaire me signifia mon congé — sous prétexte que *je faisais remarquer sa maison.*

BARBE

Dialogue entre mon coiffeur et moi.

LE COIFFEUR.

Mon rasoir fait-il mal à monsieur ?

MOI.

Pas précisément... mais...

LE COIFFEUR.

Mais quoi, monsieur ?

MOI.

Il me semble un peu trop fin... On dirait qu'il crie sur la barbe.

LE COIFFEUR.

Il ne crie pas, monsieur, il chante.

MOI.

Il chante, si vous voulez. Mais c'est agaçant... cela doit irriter la peau.

LE COIFFEUR.

Du tout, monsieur; c'est un rasoir nouveau : il voltige... comme un sylphe... il ne fait qu'effleurer...

MOI.

Aïe!

LE COIFFEUR.

Qu'est-ce qu'il prend à monsieur?

MOI.

Vous m'avez coupé, parbleu!

LE COIFFEUR.

Mais non.

MOI.

Mais si... je le sens bien, que diable! avec votre rasoir qui chante... Tenez, cela saigne !

LE COIFFEUR.

Presque rien, monsieur.

MOI.

Enfin, cela saigne-t-il, oui ou non?

LE COIFFEUR.

Un bouton que j'aurai rencontré!...

MOI.

Je n'ai pas de bouton.

LE COIFFEUR.

Alors, vous aurez remué. Remettez-vous en place. Le joli rasoir !

MOI.

Cela me cuit.

LE COIFFEUR.

Je vais mettre dessus un peu de poudre de riz. Là. Dans une minute, vous ne sentirez plus rien. Ne bougez plus, monsieur.

MOI.

Mais cela saigne toujours.

LE COIFFEUR.

Croyez-vous?

MOI.

Voyez! la serviette est toute tachée de sang.

LE COIFFEUR.

Aussi, pourquoi y touchez-vous? N'y touchez pas. Cela s'en ira tout seul. Continuons.

MOI.

Ça coule...

LE COIFFEUR.

Non.

MOI.

Mais si!... Tenez!

LE COIFFEUR.

N'y pensez pas. Il ne faut pas y penser. Je vais mettre un peu de poudre de riz dessus.

MOI.

Cela est agréable, ce monticule!

LE COIFFEUR.

Là, vous voilà rasé. Une barbe à la Marseillaise !

MOI.

Je vais m'étancher toute la soirée.

LE COIFFEUR.

Mais non! mais non! au coin de la rue il n'y paraîtra plus... Monsieur veut-il que je lui vende une paire de ces jolis rasoirs?

FIN

TABLE

	Pages.
L'arbre de la Banque...............................	1
Le Pont des Arts....................................	3
Les Moineaux du Palais-Royal.....................	4
Les Marquis de quatre sous.......................	8
Panem et Circenses................................	10
Auriol...	15
Découverte du boulevard Saint-Michel par un jeune provincial	20
Conférences et conférenciers.....................	27
Une Bibliothèque de grisette.....................	31
Le Divan le Pelletier..............................	37
Les Rondes du couvent............................	44
Au hasard..	53
Femme à la mode...................................	56
Concierges...	58
Le Nez de carton...................................	63
Bobino..	68
Typographes.......................................	73
Prestidigitateurs..................................	76
Dialogue...	80
Communiant..	83
Télégraphie électrique............................	85
Le Mannequin......................................	88
Galeries de l'Odéon................................	91

	Pages.
Spirites	94
Petits journaux littéraires	98
Le Père La Chaise	101
Grassot	108
L'album de la Société des Gens de Lettres	112
Promenade aux Ternes	120
Les Gendarmes	124
Libraires	132
Bercy	138
Inauguration d'un bec de gaz à Palaiseau	149
Affliction du Dictionnaire	151
De Paris à Paris	153
Les Acteurs hommes politiques	164
Saint-Roch	171
Bric-à-brac	174
Cour d'assises	176
La Voiture aux chèvres	178
Le Boulevard du Temple	180
Académiciens	183
Gens en place	186
Police	191
Voyageurs princiers	194
Deuils	197
Cartes de visite	199
Romanciers à la mode	201
Au café	204
L'Élysée	206
Une Soirée chez Courbet	208
Benassit	216
Victoire du peuple	220
Le Carnaval	225
Autre histoire de Carnaval	234
L'Église russe	238
Le Bourgeois de Paris	240
Artiste en cheveux	244
Concerts militaires	248

	Pages.
Oiseaux	259
Tableau-horloge	262
Bouquinistes	265
Timbres-poste	277
Mendiants	277
Prédicateurs	279
Les Statues de Voltaire	281
Imitation	292
Emprunteurs	296
Somnolents	299
Galantins	302
Promenades solitaires	306
Soufflet	310
Vaudeville à faire	313
Boutique à louer	319
Barbe	324

FIN DE LA TABLE.

PUBLICATIONS RÉCENTES DE LA LIBRAIRIE E. DENTU

Collection gr. in-18 jésus à 3 et 3 fr. 50 le volume.

GUSTAVE AIMARD — Vol.
Les Vauriens du Pont-Neuf........... 3
Les Bois-Brûlés.................... 2
Le Chasseur de Rats................ 2

ALBÉRIC SECOND
Les demoiselles Du Ronçay.......... 1

PHILIBERT AUDEBRAND
César Berthelin.................... 1
L'Enchanteresse.................... 1

ALFRED ASSOLLANT
Le plus hardi des Gueux............ 1
Nini............................... 1

XAVIER AUBRYET
Chez nous et chez nos voisins...... 1

ELIE BERTHET
L'Incendiaire...................... 1
Le Sauvage......................... 1

ADOLPHE BELOT
Les Mystères mondains.............. 4
La Sultane parisienne.............. 1
La Femme de glace.................. 1

F. DU BOISGOBEY
Les deux Merles de M. de Saint-Mars. 2
La Vieillesse de M. Lecoq.......... 2
L'Épingle rose..................... 2

GONTRAN BORYS
Le Cousin du Diable................ 2
Le Beau Roland..................... 2

ÉDOUARD CADOL
Rose............................... 1
Le Cheveu du Diable................ 1

CHAMPFLEURY
Le Secret de M. Ladureau........... 1
La Petite Rose..................... 1

EUGÈNE CHAVETTE
Aimé de son Concierge.............. 1
La recherche d'un Pourquoi......... 1
La Chambre du Crime................ 1

JULES CLARETIE
La Maison Vide..................... 1
Le Train 17........................ 1
Le Troisième Dessous............... 1

ERNEST DAUDET
La Petite Sœur..................... 1
Zahra Marsy........................ 1

ALPHONSE DAUDET
Robert Helmont..................... 1
Jack............................... 2

ALBERT DELPIT
Le Mystère du Bas-Meudon........... 1
La Famille Cavalié................. 2

CHARLES DESLYS
Le Serment de Madeleine............ 1
La Dot d'Irène..................... 1
Sœur Louise........................ 1

CHARLES DEULIN
Les Contes de ma Mère l'Oye........ 1
Contes du Roi Gambrinus............ 1
Histoires de Petite ville.......... 1

B. EMAULT
Mademoiselle de Champrosay......... 1
Gabrielle de Célestange............ 1

M. ESCOFFIER
La Vierge de Mabille............... 1
Chloris la Goule................... 1

XAVIER EYMA
Les Amoureus.s de la Demoiselle.... 1

FERDINAND FABAS
Barnabé............................ 1
La Petite Mère..................... 1

P. FÉVAL
Le Chevalier de Keramour........... 1
Douze Femmes....................... 1

OCTAVE FÉRÉ ET S. MOREL
Le Médecin confesseur.............. 1
Les Millionnaires de Paris......... 1
La Juive du Marché neuf............ 1

FERVAQUES
Durand et Cie...................... 2
Sacha.............................. 1

ÉMILE GABORIAU
Le Petit Vieux des Batignolles
L'Argent des Autres
La Corde au Cou

L. M. GAGNEUR
Les Crimes de l'Amour
Les Droits du Mari

EMMANUEL GONZALÈS
La Servante du Diable

GOURDON DE GENOUILLAC
L'Homme au Veston bleu
Une Vie d'Enfer

CONSTANT GUÉROULT
Le Drame de la rue du Temple
La Tabatière de M. Lubin

CH. JOLIET
Les Filles d'Enfer
Diane

ARMAND LAPOINTE
La Chasse aux Fantômes
Les sept hommes rouges

JULES LERMINA
Les Loups de Paris
Les Mille et une Femmes

M. DE LESCURE
La Dragonne

LUBOMIRSKI
Par Ordre de l'Empereur
Les Viveurs d'hier

HECTOR MALOT
Les Batailles du Mariage
Cara
Sans Famille

XAVIER DE MONTÉPIN
Les Maris de Valentine
Le Médecin des Folles
La Marquise Castella

CH. PAUL DE KOCK
Mémoires inédits

V. PERCEVAL
La Maîtresse de M. le Duc
La foi de Geneviève

PAUL PERRET
La Belle Renée
Hors la Loi

CAMILLE PERIER
La Pomme d'Ève

PONSON DU TERRAIL
Les Voleurs du Grand Monde
Le Filleul du Roi

TONY RÉVILLON
La Séparée
Noémi

MARIUS ROUX
La Proie et l'Ombre
Eugénie l'Amour

ÉMILE RICHEBOURG
Andréa la Charmeuse
La Fille Maudite
La Dame voilée

PAUL SAUNIÈRE
Flamberge
Mamz'ell' Rossignol

AURÉLIEN SCHOLL
Les Amours de cinq minutes
Les Scandales du Jour

ANAÏS SÉGALAS
Les Mariages dangereux

LÉOPOLD STAPLEAUX
Le Roman d'un Père
La Diva Tirelire

PIERRE VÉRON
Le nouvel Art d'aimer
Les Mangeuses d'homme

PIERRE ZACCONE
Les Nuits du Boulevard
L'Homme des foules
La Vie à outrance

Paris. — Imprimerie E. Donnaud, rue Cassette, 9.